The Big Zero

The Big Zero
The Transformation of ZBB into a Force for Growth, Innovation and Competitive Advantage

ザ・ビッグ・ゼロ

成長、イノベーション、競争優位をもたらす
ゼロベースのアプローチ

0

クリス・ティマーマンス
Kris Timmermans
クリス・ロアーク
Chris Roark
ロドリゴ・アブダラ
Rodrigo Abdalla
［著］

太田陽介［監修］
小林啓倫［訳］

東洋経済新報社

The Big Zero
The Transformation of ZBB into a Force for Growth,
Innovation and Competitive Advantage

by Kris Timmermans, Chris Roark, Rodrigo Abdalla

イントロダクション——ジレンマに立ち向かう

成長——それは勢いのあるスタートアップから、長い伝統がある企業に至るまで、すべての企業が目指すものだ。しかしいま、企業はコアビジネスを維持する一方で、同時に新しいビジネスモデルへの移行を進め、将来の成長をけん引するエンジンに火をつけるために十分なリソースを投入することを求められている。そうしたジレンマの中で生き残りを迫られるようになるにつれ、成長を達成することはますます難しくなっている。

　それでもなお圧倒的多数である84パーセントのビジネスリーダーたちは、今後3年間の予想成長率を達成できると信じている。また79パーセントが、自分の組織の売上が5パーセント以上伸びると考えている。[1] このように成長目標は野心的だが、それを達成する能力は簡単に得られるものではない。ひとつ数字を出そう。ＯＥＣＤ諸国の平均ＧＤＰ成長率は、３パーセントをわずかに超えている程度だ。[2]

現実にはビジネスリーダーの大部分が、予想を大幅に未達成で終えることは避けられない。主な原因は、新たな成長領域を育てるのに大きなコストがかかるためだ。新しいチャネル、新しいシステム、新しい能力、新しいリソース、新しいスキル——こうした「新しいもの」を得るための資金をどう捻出するかという問題は、借入を増やすといった一時しのぎの策を通じて解決することはできない。そのようなやり方では信用格付けは低下し、利益率改善の期待は高まる一方になる。配当を減らすのは市場評価にマイナスだ。焼き畑農業のように、ビジネスを焼き尽くしてしまうだろう。

資金を手にするもっとも着実な方法は、「悪い（価値に直結しない）コスト」を減らし、「良い（価値に直結する）コスト」を最適化して、コアビジネスの成長を促し新しいビジネスへの移行を支援することだ。しかし問題は、時間が経つとコストが再び膨らんでくるという点だ。コスト削減が永続的だと考えている経営層は、36パーセントしかいない。[3]その結果、コストは上下を繰り返すことになる。コストが上昇すると、それを削減するための戦術的な介入が行われるが、そうして策定・実行されたコスト削減策の効果が失われると、コストは再び上昇する。このサイクルは何度でも繰り返され、企業はコストの増加にいつまでも事後的に対応し続けることになる。

現代の企業はこのサイクルを打破し、イノベーションと収益性改善の取り組みに資金を提供するための、根本的なリソースの再分配を実現しようとしている。私たちはそれを「ＺＢｘ」、あるいは「ゼロベースのアプローチ」と呼んでいる。ＺＢｘはイノベーションの文化をもたらし、企業が組織全体でスタートアップのような速度で動くことを可能にする。それは手にした利益を新しい成長とイノベーションの源につぎ込むために、あらゆる業界の企業が採用しつつあるアプローチだ。

ZBxはイノベーションの文化をもたらし、企業が組織全体で、スタートアップに比しても劣らない速度で動くことを可能にする。

成長と競争力を後押しするため、ＺＢｘは厳格さよりも機敏さに、推量よりもビジビリティ（可視性）に、そして過去よりも未来に焦点を当てる。ゼロベースのアプローチを実現することは容易ではない。ＺＢｘとは、単なる予算項目や貸借対照表上の取り組みではなく、組織全体の戦略的な優先事項を調整し、社員のマインドセットと行動を活性化させ、資金をどこで・何に対して・どのように使うかに対するオーナーシップを彼らに与えることで、企業文化を根本から変えることなのだ。

ゼロベースのアプローチは、まるで法医学の解剖のように、詳細な損益の透明性を実現することに焦点を当てている。そして意思決定者に組織構造やシステム、財務、社員に関する明確な見解をもたらしてくれる。その結果、ほとんど価値のないタスクや支出、プロセス、レポート（さらには役割や組織単位まで）をあぶり出すことが可能になる。こうした不要なコストは、よりＲＯＩ（投資利益率）が得られるところに再配分されるべきだ。ゼロベースのアプローチは本質的に、非効率的な「悪いコスト」から効率的な「良いコスト」への移行を促し、成長を促進して社員のバリュー・プロポジション（提供価値）を創出するのである。

ゼロベースのアプローチは、市場でのポジショニングや、買収・売却・リストラクチャリングの可能性について、より正確で迅速な意思決定を可能にする。これらはすべて、企業の競争力を左右するものだ。言い換えれば、それは企業が自信を持ってビジネスを変革することを可能にする、アジリティのためのプラットフォームを提供する。競争優位性に関する最新の研究によれば、競争力を高めるには、成長、収益性、持続可能性、信頼という、相互に依存する要素をバランスよくコントロールすることが肝要だ。[4] そのように多次元で戦略を設定できている企業はそれぞれの要素を随時調整することによって、勝者になっている。[5]

消費財大手であるユニリーバを例に挙げよう。同社はゼロベースのアプローチを植えつけることで、最大20億ユーロものコスト削減を計画している。[6][7] ユニリーバは、マーケティングおよび物流部門の支出を削減するために、ゼロベース予算（ＺＢＢ）の活用を拡大しようとしているのだ。[8] さらに同社の「サステナブル・リビング・プラン」は、ユニリーバの環境への負荷を減らす一方で、有効に使われていない予算をカットし、持続可能性（サステナビリティ）を中核に据えた新しいビジネスモデルの構築に大胆に投資を増やす。これにより、環境への負荷を減らすことと長期的な売上・利益の倍増を同時に達成するプランになっている。[9] 同社はコアの製品カテゴリーと徹底的にシェアを取る地理的マーケットの絞り込みを加速しており、そこにイノベーションとマーケティングに関する投資をさらに集中させつつある。

競争上のアジリティを高めるためにゼロベース戦略を採用しているのはユニリーバだけではなく、ほかにもあらゆる業界で数多く見られる。本書ではそうした事例を紹介する。

本書の構成

「ゼロベース予算（ZBB）」はどのように、そしてなぜ「ゼロベースのアプローチ」へと進化したのだろうか？　どのような企業が、どのようにしてそれを使っているのか？　そしてもっとも重要な問いとして、持続的な業績を実現するために必要な能力とは何か？

本書の目的は、企業がゼロベースのアプローチの導入に成功するよう支援することである。そのために本書のPARTⅠでは、まずゼロベース予算の進化に関する概要を説明し、それからゼロベースのアプローチ、それが企業文化に与える影響を説明する。そしてPARTⅡでは、必要とされる能力について考える。

ゼロベースのアプローチは、より包括的で持続可能な企業戦略についての市場からの要請であり、成功に不可欠な成長戦略のために資金を過去のしがらみから解放し、再配分する能力を組織に与える。ゼロベースのアプローチへの道を歩み始めた組織は、長期的な投資を行い、最新のデジタル技術を採用してコストを劇的に下げ、仕事のあり方そのものを再考している。これに対して、ただ待っているだけの企業は、競争から締め出されてしまうだろう。

[注]

（1）Accenture (2015a).
（2）OECD (2019).
（3）Accenture (2015b).
（4）Pearson and Theofilou (2017).
（5）Long, Roark and Theofilou (2018).
（6）Unilever (2018a).
（7）Unilever (2017).
（8）Trentmann (2017).
（9）Unilever (2018b).

The Big Zero　ザ・ビッグ・ゼロ――目次

PART I

第1章

ZBxの進化と革命

ビジネスの世界で革命が起きている。アンハイザー・ブッシュ・インベブ（ＡＢインベブ）[1]、コカ・コーラ[2]、コナグラ・フーズ[3]、ディアジオ[4]、ユニリーバ[5]、そしてウォルマート[6]など――増え続けるリストの中から有名なものを選んだだけでも、いくつも社名を挙げられる[7]。ゼロベースのアプローチ（ＺＢｘ）は、これらの企業が成長に必要なアジェンダに再投資をするアジリティをもたらしている。

しかし革命に目を向ける前に、ＺＢｘが民間企業においてゼロベース予算（ＺＢＢ）からの進化過程を理解することには意味があるだろう。１９７０年、テキサス・インスツルメンツで管理者をしていたピーター・ピアーは、『ハーバード・ビジネス・レビュー』誌に掲載された論文において、「ゼロベース予算（ZBB/Zero-Based Budgeting）」と名付けた改革手法を発表した[8]。ピアーのアイデアはシンプルで、予算を過去数年の実績から考えるのではなく、ゼロから考えようというものだった。そう、ゼロから始めるのである。当初ゼロベース予算（ＺＢＢ）は、旅費やオフィス内の備品といった事務管理費だけに焦点を当てていた[9]。

１９７３年、当時ジョージア州知事をしていたジミー・カーターは、ピアーを雇って州レベルでＺＢＢを導入した。そして大統領選において、カーターは米国民に対し、この教義を活用して連邦予算を均衡させると約束した。しかし、１９８１年にロナルド・レーガンが大統領に就任すると、彼はカーターが行った取り組みの多くを停止し、ＺＢＢは活用されなくなった。

民間部門に話を戻すと、この後にＺＢＢを大きく推進した３人の人物が登場した。[10] ジョルジ・パウロ・レマン、マルセル・テレス、カルロス・アルベルト・シクピラである。３人は友人同士で、ブラジルの投資銀行ガランティアを所有していた。１９８９年、彼らは地元のブルワリーであるブラフマを買収し、それを買収手段として使うことで、最終的にＡＢインベブを設立した。[11] 一連の動きの中で、この「ガランティアの３人の男たち」（後に彼らは3Gキャピタルとして知られるようになった）は、バーガーキングやアンハイザー・ブッシュ、ティムホートンズといった有名ブランドの買収においてゼロベースのアプローチを創り出し、磨きをかけた。そして３Ｇキャピタルに買収されるかもしれない脅威に直面した多くの消費財メーカーが、同じようなゼロベースの取り組みを開始したのである。[12] すでにこの時点で、ＺＢＢはより洗練された管理ツールへと進化していた。成功への唯一のハードルは、文化的な問題ではなく、野心の欠如だった。

　この新しいバージョンのＺＢＢは、コスト削減手法やプロジェクトプランニング、モニタリングに関する他の方法論から必要な要素を吸収もしていた。その中でもっとも注目すべき点は、カテゴリー・オーナーシップという概念である。カテゴリー・オーナーシップは、コストカテゴリーのオーナーとエンティティ（地域・部門）のオーナーの間に健全な組織間緊張関係を作り出し、説明責任、コラボレーション、予算目標の共有を促す。

２０００年以降、ＺＢＢはもう一段階の進化を遂げ、悪い（価値に直結しない）コストを排除し、良い（価値に直結する）コストを増やすための管理手法となった。この新たな力は、「クローズド・ループアプローチ」の導入により強化された。「クローズド・ループコスト管理」はその名の通り、永続的かつ着実にコストを削減することを目指している。すべての業務コスト（部門や地域等をまたぐ形で）を詳細レベルまで完全に可視化し、価値を生み出して成長を促すためにどうお金を使うか検討することを可能にしてくれるのだ。それだけではない。検証的なビジビリティ（可視性）に回帰するコントロールとモニタリングの好循環により、コストの透明性と効率性が長期間にわたって維持される。

そして直近の10年間、企業はこの概念をより広い範囲に適用するようになり、企業のあらゆるコストをカバーできるようになった。２０１６年、アクセンチュアはさまざまな「Ｚの子孫」を生み出し、多くの業界で話題を集めた。ゼロベース支出（ZBS/Zero-Based Spend）、ゼロベース組織（ZBO/Zero-Based Organization）、ゼロベース・コマーシャル（ZBC/Zero-Based Commercial）、ゼロベース・サプライチェーン（ZBSC/Zero-Based Supply Chain）といった具合だ。こうしてゼロベース予算が変化して生まれてきたのが、すべてを包含するゼロベースのアプローチ、すなわちＺＢｘである。

調査によると、ゼロベースのアプローチを実現するプログラムは多くのグローバル2000企業において、平均15パーセントのコストを持続的に削減し、10億ドル以上のコスト削減をもたらしている。[13] この削減率は、企業が自ら設定したコスト目標に対する意欲のレベルに応じて異なり、5〜28パーセントまでの幅がある。

ここまでを理解した上で、現在、さらに進化したZBxが登場している。それは、自動化・デジタル技術によってコスト曲線を劇的にシフトさせるものだ。もはや予算項目をカットしたり、減額したりして線形的なコスト削減を追求するだけでは、今日では不十分だ。現在のZBxは、私たちが「レベル0」と呼ぶものを目指して、どのプロセスにどのくらいのコストをかけるべきなのかについて再考することを目的としている。

「レベル0」とは何か？　企業は長年にわたって比較アプローチに頼り、コスト削減をベンチマークしてきた。彼らはコスト金額における上位4分の1のグループ（つまり最悪の集団）から、下位4分の1のグループへと移ることを目指し、最終的には業界内でもっとも優れた企業のひとつになろうとしてきた。その焦点は、もっとも優れた企業と比べて、自社がどこでコストをかけすぎているのかを特定し、そのコストを基準に合わせてどう削減するか考えることにあった。

問題は、このアプローチでは真の競争優位を促進できないだけでなく、従来の価格設定と消費パターンにしか目を向けないため、十分に積極的なものにならないことだ。[14]「レベル0」を積極的に目指せば目指すほど、削減できるコストは劇的なものになる。

しかし現在、さらに進化したZBxが登場している。それはコスト曲線を劇的に変化させることのできる、自動化・デジタル技術によって支えられている。予算項目をカットしたり、減額したりして段階的なコスト削減を追求するだけでは、もはや十分ではない。

たとえば、リーガルサービスへの支出を考えてみよう。買収の最中にある企業は、無数の契約書を見返し、調整し、最終的な承認を行わなければならず、支援してくれた顧問弁護士に何百時間分もの料金を支払わなければならない。契約書のレビューにかかるコストを減らす伝統的なアプローチは、料金もしくは消費の管理をより適切に行う（弁護士事務所との料金交渉を行う、もしくは料金が発生する時間を少なくする）というものだ。

しかしこの会社が、契約書のレビューの大半をＡＩ（人工知能）に任せたとしたらどうだろうか？　ＡＩソリューションを活用すれば、弁護士が契約書の精査に費やす時間を最大80パーセント削減できる。従来のように料金や消費に注目するのではなく、ＡＩを利用することで、この会社は契約書のレビューにかかるコストを大幅に削減でき、「契約書のレビューにいまどのくらいコストがかかっているか」ではなく、「契約書のレビューにいくらかけるべきか」という新しい基準を置くことができるのだ。

ほかにも、プラントの維持管理は、「レベル０」が業績に影響を与える別の典型領域だ。デジタル技術によって、製油所のガス圧縮機やタービンなどをほぼリアルタイムで監視することが可能になった。データは制御システムに送られ、それをオペレーションチームが活用し、腐食によって設備の性能に影響が出る恐れがある場合など、重要な局面を察知して介入することができる。ＡＩによって、企業は事後対応型から事前予測型へと移行でき、サービスが中断してしまう前に問題の発生を予測できる。そして平均的な製油所が１日稼働できないと発生するコストは１００万ドル以上に達する可能性がある。

ＺＢｘの次のフロンティアは、人間と機械が手を組み、機械がもっとも得意とすること、すなわち反復作業の実行、巨大なデータセットの分析、ルーチンワークの処理を行えるようにすることである。そして人間も、自らがもっとも得意とすること、すなわち曖昧な情報の処理、困難な状況における意思決定、不満を抱く顧客への対応に専念できるようになる。これは人間のスキルを拡張し、以前は想像すらできなかった生産性の向上を実現するのに役立つだろう。このように、人間と機械の協働が、ビジネス変革の新しい波を解き放とうとしている[15]。

ビージーズからビヨンセ、さらにその先へ

このように、ゼロベースのアプローチは進化を続けてきた。販管費（販売費および一般管理費）の削減という限定された目的のためのものから、組織全体の持続的な優位性を推進する、全体的な変革を目指すものへと変化したのである。企業が競争力を獲得し、それを永続的に維持できるよう支援しているのだ。ここまでビージーズの時代からゼロベースのアプローチの流れを振り返ってきたが、次にＺＢｘの類型を理解し、それがイノベーションと収益性改善のために、どのようにリソースの再配分を進めるのかを考えてみたい。

[注]

（1）Valor Economico（2015）.
（2）The Coca-Cola Company（2014）.
（3）ConAgra Foods, Inc.（2015）.
（4）Mikells（2017）.
（5）Marketing Interactive（2017）.

（6）Nassauer and Hufford（2017）.

（7）Trentmann（2018）.

（8）Pyhrr（1970）.

（9）Pyhrr（1973）.

（10）Daneshkhu, Whipp and Fontanella-Khan（2017）.

（11）Correa（2014）.

（12）Guthrie（2018）.

（13）Timmermans and Abdalla（2018）.

（14）Perez（2018）.

（15）Daugherty and Wilson（2018）.

第2章

ZBxシリーズの類型

目まぐるしい変化のスピードに対応するため、企業はトップダウンで将来の成長や方向性に関する戦略的な意思決定を行い、そのための資金を再配分している。販管費だけでなく、ビジネス全体での話だ。それは工場のメンテナンスからマーケティング、販売、価格戦略に至るまで、あらゆるものを収益と理想のコストという観点からゼロベースで考えることを意味する。そこから生まれる余剰のキャッシュを、中核事業からのアウトプットを最大化するために再投資でき、同時に新たな成長の源泉の特定と、それへの投資を行うことができる。

不要なコストを投資にシフトする行いは、４つのＺＢｘシリーズで企業のコスト要素全体がカバーされる。ゼロベース支出（ＺＢＳ）、ゼロベース組織（ＺＢＯ）、ゼロベース・コマーシャル（ＺＢＣ）、ゼロベース・サプライチェーン（ＺＢＳＣ）の４つだ（図表2−1）。

ゼロベース支出（ＺＢＳ）による細分化

当然ながら、販売費及び一般管理費（ＳＧ＆Ａ）はあらゆる企業において極めて重要だ。それによって企業は活動を行い、システムを稼働させ、ビジネスの継続を保証することができる。しかしそれらは経費であるため、最終的な利益を脅かす可能性がある。これは実

図表2-1　「支出」「組織」「コマーシャル」「サプライチェーン」の4つのZBxシリーズのカバー範囲

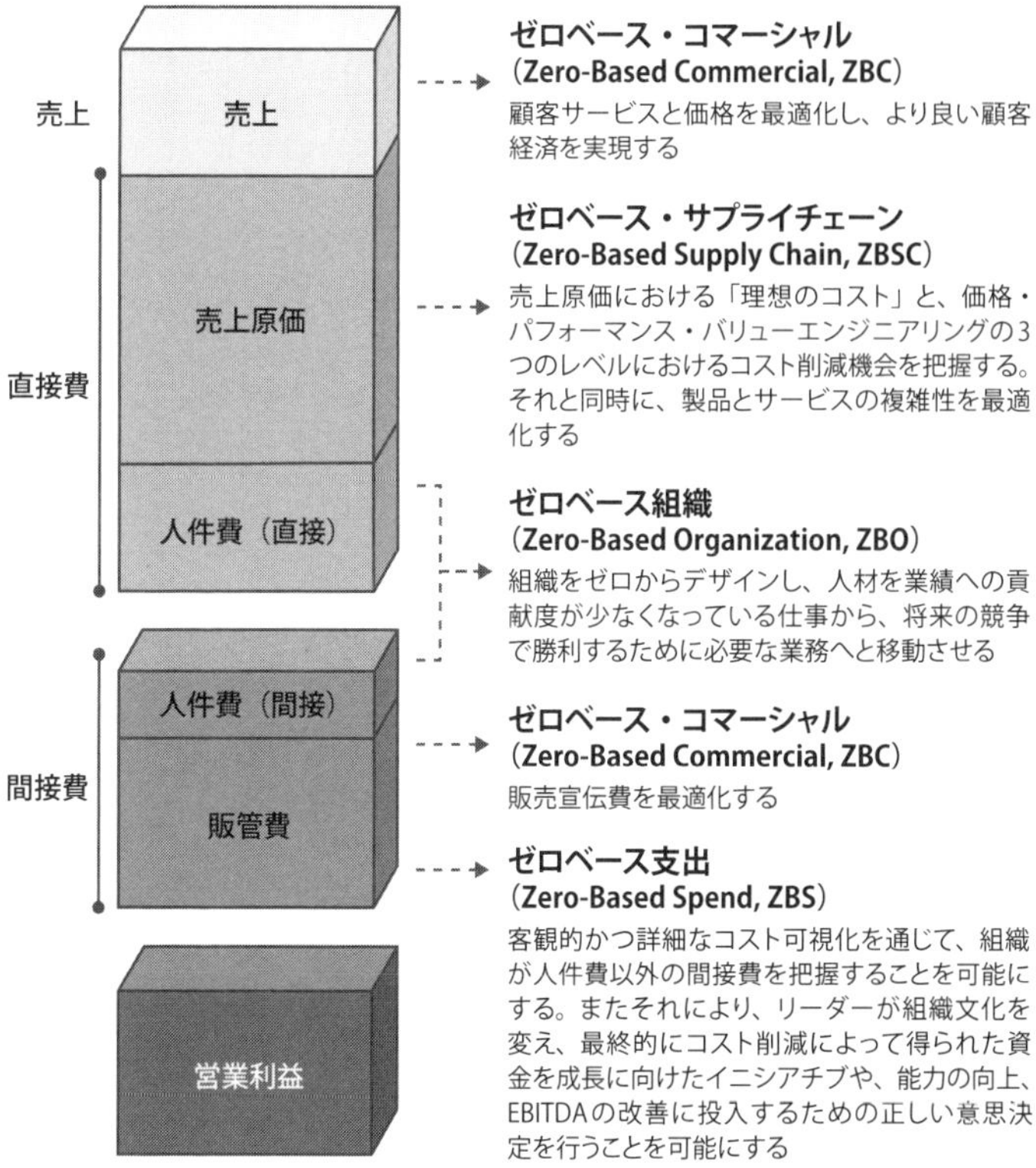

質的に企業全体に波及し、上手く管理しなければ、貴重な利益が食いつぶされてしまう――特に企業が急成長を遂げていて、売上よりも急速に伸びる一般管理費を見逃してしまう時期には注意が必要だ。企業が競争力を維持するためには、長期的に一般管理費を可能な限り低く抑える必要があるからだ。

ＺＢＳは、一般管理費をこれまでにないほどの粒度で細かく把握することを目指している。これにより、リーダーたちは組織文化を変えるための正しい選択ができ、最終的には、コストをセーブしてそれを成長へのイニシアチブに再投資できる。

全面的なコスト削減を実施するという意味ではない。「一般管理費を一律でＸパーセントカットする」のような指示は、実際には会社に害を与える。このようなアプローチでは、価値を付加する活動または機能と、そうでないもの（あるいは価値を破壊してしまうかもしれないもの）の違いを認識できないからだ。良いコストは、顧客だけでなく社員に対する企業のバリュー・プロポジションを強化する。たとえば、社内で行うパーティーやその他の報酬といった必要な追加コストをカットすることは、社員に対するブランディングを損なう可能性がある。

それでは企業は何を削減したら良いのか？　そして浮いたコストをどのように（たとえばデジタルトランスフォーメーションの推進や新市場への参入、買収資金の準備など）再配分・再投資したら良いのか？　それらを判断するために、一般管理費の支出全体を、完全かつ継続的に把握する必要がある。つまりZBSは、企業が戦略的に一般管理費を把握し、同時にリソースを解放して、収益を発生させる活動へと再配分するのに役立つのだ。

ZBSを導入した企業の業績は、EBITDA（金利・税金・減価償却控除前利益）と売上において同業他社を平均して上回っており、EBITDAの増加は50パーセント（同業他社は38パーセント）、売上の増加は28パーセント（同業他社は22パーセント）となっている。[1]　またそうした企業は、事業全体において、より強い財務規律を確立する傾向がある。

ケーススタディ

ZBSの事例

アフリカと中東でサービスを提供している、ある大手通信会社は、ZBSを原動力に事業拡大を行ってきた。競争の激化と中核事業の利益率の低下に直面していた同社は、ZBSを使って運営予算をリセットした。それから半年以内に、彼らは年間5億5000万ドルものコスト削減（販管費削減に関する2億5000万ドル分の新イニシアチブを含む）を実現。同社は最終的に、利益率の改善によって、戦略的に重要な分野への投資を強化して成長戦略を加速させた。[2]

ゼロベース組織（ＺＢＯ）による点検

白紙の状態から組織を設計するには、徹底的な内省が求められる。ＺＢＯでは企業の戦略的な目標、選択肢、および独自の能力について、一切の偏見を捨てて見直しを行う。企業が何をするのか、何をしないのか、どこで差別化するのかについて点検を行うようなものだと考えてほしい。企業が社会にとって意味のある存在であり続けるというのは、成長戦略を立案し、それをサポートするために、組織を迅速かつアジャイルに再編成することを意味する。

82パーセントの企業が、成長イニシアチブへの戦略的な投資のために資金を捻出することに注力している。[3] ところがその一方で、自社のオペレーティングモデルが戦略に合致するほど急速に進化したと考えている経営者は、わずか4分の1に過ぎない。[4] つまり、企業はコスト削減に焦点を当てるだけでなく、将来の戦略におけるニーズに応えるために、オペレーティングモデルを変更する必要がある。

これは競争上の優位と成長を促進するために、2つの面で同時に取り組みを行うことを意味する。優れた業務プロセスを実現し、また中核機能をより効率的に実行できるようにすることで、「経営基盤を強固にする」のだ。そして「新しい領域を切り開く」取り組みでイノベーションを促し、独自の能力を構築して顧客とまったく新しい形で関係を結ぶのである。

ケーススタディ

ZBOの事例

あるコンシューマーヘルスケア業界のグローバル企業を例に挙げよう。この会社はZBO分析を実施した後で、販売とマーケティングに関する予算の大部分が、同社がもっとも足場固めにすでに成功している市場に費やされていることに気づいた。その理由は、年度ごとの予算調整が、前年の予算に基づいて行われていたからだった。有望な市場であっても十分な予算がつぎ込まれておらず、その結果、急激に成長したい同社の野望を満たすために必要な、有望市場における販売・マーケティングの予算およびリソースが確保されていなかったのである。

ZBOはさまざまな要素を活用することでビジビリティをもたらし、リソースを適切に再配分することで、従来とは異なる形で狙うべき市場を再定義するのに役立った。既存の市場から新規市場に予算を再配分することで、同社は成長市場に再投資しながら全体的なコスト削減を実現することができた。

ゼロベース・コマーシャル（ZBC）による全体像の把握

19世紀の百貨店経営者、ジョン・ワナメイカーの有名な言葉を引用すると、「広告に費やす金の半分はきっと無駄になる。問題は、どちらの半分かわからないことだ」。製品と事業部門の収益性を計算するのは簡単だ。しかし、経営者に「どの顧客がどれだけ利益にマイナスとなっているか」を尋ねてみると、彼らの大部分は沈黙してしまうだろう。

さらに企業は、戦略的に重要な顧客と、単なる取引上の顧客を区別する能力がないことが多い。これは従来の顧客セグメンテーションとは違う次元の思考である。そして顧客との関係のあり方を、企業の収益性を促進する手段に結びつけることが含まれる。コストを意識した成長重視の環境では、高価値の顧客（収益性が高く戦略的に重要な顧客）を優先する必要がある。企業は自分たちが何者なのか、そして成長戦略を実行する上でもっとも重要なのは何かを理解しなければならない。

ゼロベース予算を実施した結果、広告制作費を削減し、メディアチャネル開拓への投資は増やすことが可能となり、ブランドやマーケティングに関する投資の生産性を向

上させている。またＺＢＢは、飽和している既存メディアチャネルに関する無駄を取り除き、併せて不要な管理費を削減することにも役立った。

――ユニリーバ[5]

この謎を解いた企業が使用していたのが、ゼロベース・コマーシャル（ＺＢＣ）であり、彼らはそれを使って実践的で持続可能な「顧客の採算モデル」を構築した。このモデルにより、企業は各利益セグメントに適した顧客満足度と価格ポイントを定義し、顧客内シェア（ウォレット・シェア）を評価して、収益に悪影響を与えない形で顧客への投資を最適化できる。

この「顧客の採算モデル」というアプローチはどのように行われるのだろうか？　まず企業は顧客ごとにＰ＆Ｌ（損益）を設定し、彼らの獲得や営業員による対応、請求、出荷などの対応に費やされたコストの総額を計算する。そしてその結果に基づいて、顧客の階層化を行う。

これはまさに、目から鱗が落ちる経験だ。収益性の非常に悪い顧客が少数存在するだけで、会社全体の業績を圧迫していたり、利益率の低い顧客が大量に存在することで、利益が大きく損なわれていたりすることが明らかになり、経営者たちは驚く。こうした洞察は、顧客ポートフォリオを再構築して収益性を改善し、顧客体験を彼らの価値に合わせて再調整するのに役立つため、非常に貴重なものとなる。

ＺＢＣを通じてゲームチェンジを起こすということは、「どこで戦うか」「どうやって戦うか」という競争戦略を解像度を上げて明確にすることである。非常に多くの場合、企業はすぐに支出最適化の取り組みを始めてしまい「顧客向けの一連の活動の中でどうリソースを戦略的に展開するか」という本質ではなく、どう改善するかという話にフォーカスしてしまいがちだ。

公平を期すために言うならば、こうしたことが起きる根本的な原因のひとつは、現代のカスタマージャーニーがかつてないほど複雑で、理解しがたいものになっているためだ。顧客、チャネル、製品構成といったこれまで通りの切り口で分析を行っても、もはや十分な洞察は得られない。比較的洗練されたマーケティングミックスのモデルを使っていても、一つ一つの活動がもたらす本当のリターンを見落とす可能性があり、特に顧客と製品のライフステージおよび成熟度を加味したバリューチェーン上のプロフィットプールを考慮できているかどうかは要注意だ。

ゼロベース・サプライチェーン（ZBSC）によるコスト削減＝負の連鎖の回避

製造業の大半が、さまざまなサプライチェーン構想を抱いているが、実際にその実現に使うことのできるリソースは不足している。その間、暫定措置として段階的で継続的な改善プログラムによって、複雑な長期的課題に一部でも対応しようとする。一方で、彼らは誰が・何を・どこに費やしているのか明確に把握できてはいない。人々は依然として組織の縦割り構造の中で働き、最新のデジタル技術を統合する取り組みは遅々として進まない。また持続可能性（サステナビリティ）への取り組みも、差し迫った要請に応えるのみとなっている。そのようにして、業績の小さな変化だけに一喜一憂している間に、業界で起こるコスト構造の大変革を見逃してしまう。その帰結は、すでに不安定になっているコスト・ポジションがさらに悪化し、競争相手に対して構造的に負けていく。このように、サプライチェーンのコスト改善は縮小均衡による死のスパイラルに陥るリスクをはらんでいる[6]。

構造改革を加速し、不要なコストをすべて把握するために、ZBSCでは「単価」「パフォーマンス」「バリューエンジニアリング」という3つのレバーを使い、長期にわたって持続性のあるコスト削減の取り組みを明確に形作る。関係する各要素のコストおよびパフォーマンスを明らかにする作業を通じて、それぞれの要素に対し、売上原価（COGS）の将来的なターゲットを設定することが可能になる。

グローバルな視点とローカルな深掘りを組み合わせることで、工場ごとにコストの消費量と単価を下げる機会を特定できる。単価を下げる機会は、ソーシングを活用することで推進されるが、消費量の削減は、製造とロジスティクスに関するローカルなベストプラクティス、およびバリューエンジニアリングのアイデアを特定し、展開することで推進される。

これらの取り組みは、製造過程で生まれる収益源への転換から、取り扱いや輸送の最中に損傷してしまう完成品の損失の削減、工場や物流センターの物理的な空間の分析、そして統合を行う機会の特定に至るまで、サプライチェーンのあらゆる要素をカバーしている。ZBSCは長期視点での持続性ある取り組みにより、急速に変化する世界でサプライチェーンの価値を的確に捉える能力という、競争上の優位性を実現する。

ケーススタディ

ZBSCの事例

常に大きなコスト削減圧力にさらされているグローバルメーカーは、ZBSCによって前年対比のコスト計算を毎年ゼロからの積み上げ方式で行うよう変革した。この会社は一般管理費で導入していたゼロベースの原則を売上原価にまで拡張し、最初はロジスティクスに焦点を当てた。またZBSCにより、部門間や地域間の壁が取り払われ、輸送および倉庫業務全体のコストと運用のパフォーマンスを詳細に把握できるようになった。

高度な分析と技術的インパクトをサプライチェーン全体に導入する「レベル0」のビジョン（ピッキングや梱包、保管の自動化、原材料や完成品の動きを最適化する予測分析など）は、目標を再設定するのに役立った。同社はネットワーク全体で20パーセント以上のコスト削減機会を把握し、最初の12カ月で12パーセントを実現した[7]。

ゼロベース・アプローチと「プロジェクト」系コストに関する注記

一部の企業においては、コストの多くがいわゆる恒常的なライン業務からでなく、複数の「プロジェクト」から発生している。そのような企業にこそZBxの原則を積極的に導入すべきだ。ゼロベースの考え方は、戦略的な優先順位付け、ガバナンス、スコープ、コントロール、モニタリングなど、プロジェクト管理のすべての面に適用できるからだ。究極的には、ゼロベースの考え方を適用する範囲が広ければ広いほど、プロジェクトが生み出す価値も大きくなる。本書ではプロジェクトに特化した章を設けていないが、紹介する原則は、プロジェクト系コストを多く含む企業であっても多少の差はあれ、広く適用できる。

さまざまな業界における「X」因子

各業界において、企業はビジネス戦略の一環としてＺＢｘをどのように活用しているのだろうか？　そして、異なる分野で得られた成果と課題は何だろうか？　たとえばテレコム業界は、ゼロベースの考え方を採用することで、アジリティと競争力を高めている業界のひとつだ。〝イノベーションのゆりかご〟とも呼べる業界において、通信サービスプロバイダー（ＣＳＰ）は、先端技術やデジタル系のスタートアップからのプレッシャーに直面している。

その結果ＣＳＰは、スタートアップ（彼らより小さく、より俊敏であることが多い）や、Ｍ＆Ａによって形成された新しい「メガ競合他社」と競争するために、資金を捻出して市場の変化に適応する方法を探している。

そうした状況において、最近の研究によれば、旧態依然としたコスト削減戦略のみでは、ＣＳＰ上位50社がこのカテゴリーのリーダーシップを維持するために必要なコスト削減の

35パーセントしか達成できないことがわかっている。[8]

各業界のリーダーはより適応力と革新性を持つ会社であるためにＺＢｘを活用している。石油・ガス業界では、価格の下落を乗り切り、また突然需要が拡大した際にはそれに対応する必要があるため、規模を迅速に拡大する手段としてＺＢｘに目を向けている。ヘルスケア業界では、医療サービス企業がＺＢｘを利用し、より費用対効果の高い便利なサービスを患者に提供している。また大手メーカー、小売業者、流通業者はＺＢｘを利用して、需要とサプライチェーンのオペレーションをより適切に管理している。

変革を成功させる鍵のひとつは、コスト構造の変化を理解し、これを利用することだ。ＡＩと自動化の分野における新しいテクノロジーは、コストに根本的な影響を与えている。つまりコストを急激に削減するだけでなく、あるべきコスト（Should cost）を実現するための新しい機会を生み出している。この点について次の章で説明しよう。

[注]

（1）Accenture Strategy（2016a）.

（2）Cited in Timmermans and Shuda（2018）.

（3）Barea, Banerjee, Feliciano and Mueller（2017）.

（4）Corr (2018).

（5）Unilever (2018a).

（6）Corr (2018).

（7）Ibid.

（8）Steger, Barzey and Viniak (2018).

第3章

コスト構造の変化に焦点を合わせる

人間と機械による新たな協働関係が生まれつつあり、それがビジネス変革の第3の波を解き放って、ＺＢｘを通じて可能なことを再構築している。[1] 第1の波はプロセスの標準化、第2の波はプロセスの自動化、そして第3の波は、ゼロから再検討されるプロセスの最適化が中心となる。それが第1章で解説した「レベル0」アプローチにつながるのだ。

　ＡＩが後押しする第3の波は、人間と機械が協働して、ビジネスにおけるパフォーマンスを桁違いに改善するというダイナミックな世界を創造した。人間は「スマートマシン」と共にそれぞれが得意とすることを担当する。しかしながら、多くの企業がＡＩを試験的に導入しているものの、仕事のやり方を実際に変え始めている企業はごく少数だ。

　こうしたアプリケーションは変革をもたらすものであるが、多くの場合、説明やモデル化が困難なノウハウを必要とするため、ソリューションと人手を組み合わせた実装が必要となる。ある銀行のマネーロンダリング防止システムを考えてみよう。複雑な金融取引が処理され、自動システムがそれをチェックし、疑わしいものにフラグを立てる。人間はその取引がさらなる調査を必要とするかどうかを判断し、機械はその決定を学習して、元のアルゴリズムを調整し改善する。

　このプロセスでは本質的に、機械は自らが得意とすることをしている。反復作業の実行、巨大なデータセットの分析、ルーチンワークの処理だ。そして人間も得意分野を受け持っている。曖昧な情報の処理、難しいケースにおける意思決定、不満を持つ顧客への対応だ。人間と機械はお互いの強みを増幅させ、人間の労働者は超能力を手にする。その過程で、企業はこれまで考えられなかったような生産性の向上を達成するのだ。

　企業はプロセスを「直線に沿ったノードの集合体」と考えることを改めなければならない。「レベル０」アプローチでは、プロセスを移動と再接続が可能なノードから構成される広大なネットワーク、あるいはハブとスポークを備えたネットワークのようにイメージする。もはやプロセスを「直線に沿ったノードの集合体」と固定観念的に捉えていては上手くいかない。

レベル0と「真のあるべきコスト」の考え方

　では、レベル０について詳しく見ていこう。ベンチマークの用語として、第１四分位数、第２四分位数（中央値）、第３四分位数という言葉を聞いたことがあるかもしれない。何年もの間、企業はコスト削減のために、従来のベンチマーキングや比較アプローチに頼ってきた。彼らは主要な競合他社と自らを比較し、第３四分位数を超えている（つまり、自社が下位４分の１のグループに属していることを意味する）ＫＰＩを必須施策として改善しようとする。

　問題は、このアプローチが真の競争優位性を損ねるだけではなく（仮に改善に成功してもせいぜい競合他社並みに追いつくに過ぎないため）、企業に十分な革新性をもたらさないことである。このアプローチでは効率化の機会をすべて検討することにはならず、自社にとってもっとも戦略的なリソース配分を考えることにならない。

　レベル０への注目は、古い比較アプローチからの劇的な転換を意味する。他社とのベンチマークに依存するのではなく、レベル０ではまっさらな状態――真の「ゼロ」から検討がスタートする。そこからデジタル技術や、持続可能性（サステナビリティ）に関する実践といったさまざまな力が、どのように企業の真のあるべきコストを再定義し、コスト曲線の根本的な変化をもたらすかを考える。デジタル技術は企業に、自らの過去最高の業績や、ベンチマーク企業の業績をはるかに上回る成果を実現する力を与えるため、レベル０の考え方は劇的な影響を与えるのだ[2]（図表３－１）。

　ＡＩ時代のプロセスが発揮する最適化は、事前に設定された一連のステップの連なりを変更するのではなく、リアルタイムデータによって最適化されるものだ。パラドックスと言えるのは、このようなＡＩが実装された業務プロセスは標準化やルーチン化されていないにもかかわらず、再現性をもって優れた結果をもたらすことができる点だ。事実、業界をリードする企業は、個別にカスタマイズされた製品やサービス（過去の大量生産品とは対照的な存在である）を市場に投入し、同時に高い収益性を上げている[3]。

図表3-1　「一般的な他社とのベンチマーク」と「真のあるべきコストアプローチ」

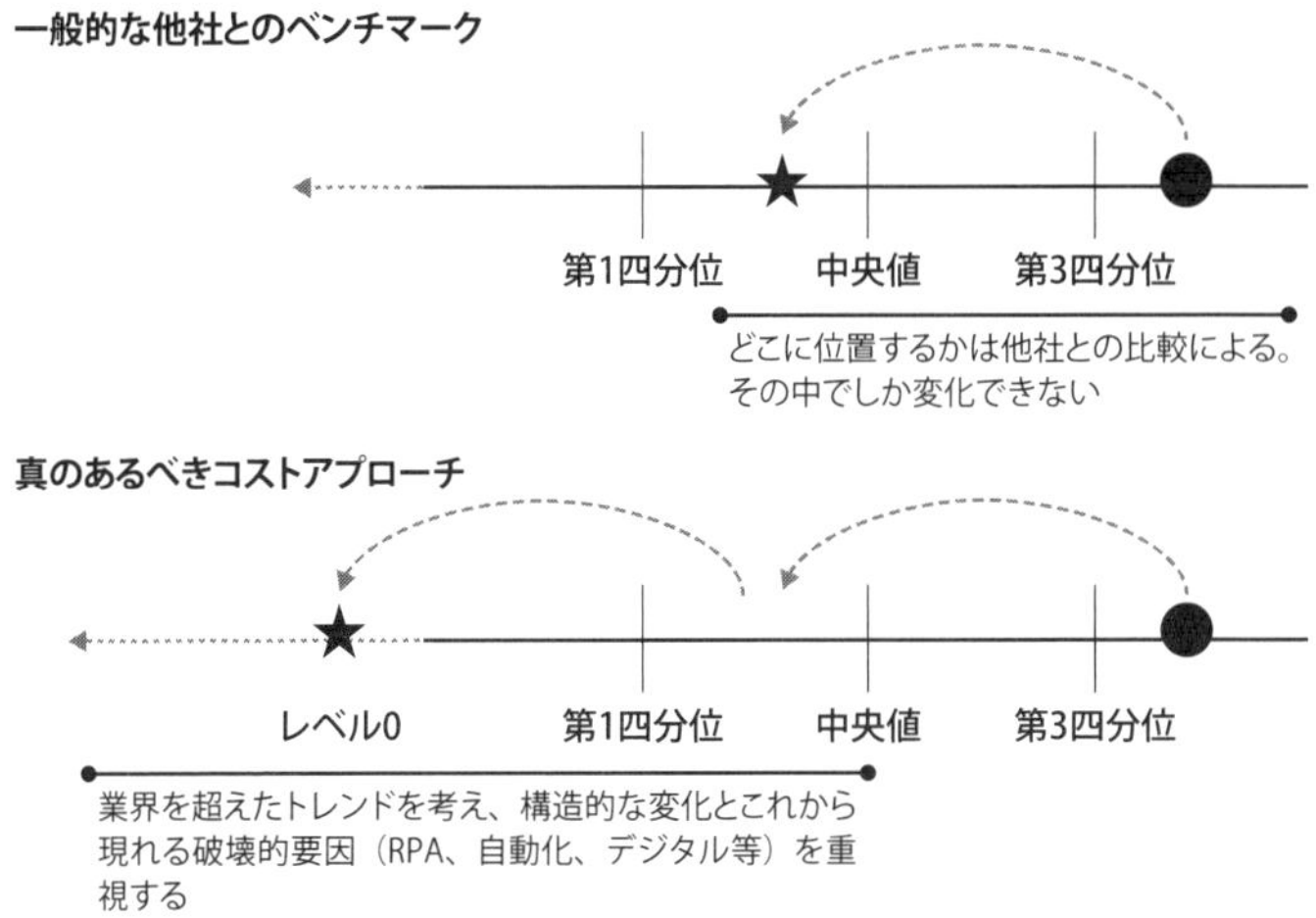

驚くことではないが、こうした新しいテクノロジーによってビジネスプロセスを根本的に変化させ、損益全体に影響を及ぼし、ＺＢｘを包括的に推進し得る。

ZBxの領域全体でコスト曲線をシフトする

いまのところ、人間と機械のコラボレーションを進めている企業は少ない。しかし、着手している企業は自らのビジネス、業務モデル、プロセスを再構築するための基礎を築いている。彼らはＡＩが一般的な資本投資とは異なること、つまりその価値が時間と共に増加し、同時に人間の価値も高めることを理解しているのだ。人間と機械がそれぞれ得意なことをできるようになれば、生産性の向上、社員満足度の上昇、より多くのイノベーションをもたらすビジネスの好循環が生まれる。

ＧＥを例に挙げよう。[4] 彼らはジェットエンジンのタービンブレードのような自社製品に、「デジタルツイン」を開発・導入している。この仮想モデルに現実世界にある製品の利用状況を反映させることで、運用の改善（これはＺＢＳＣの領域だ）に役立てると共に、故障が発生する前に予測することを可能にしている。その結果、業務用機器のメンテナンス方法は根本的に変化した。

サイトマシーン社は機械学習分析を使い、顧客企業が工場のフロアに新しい設備を追加する際のダウンタイムを削減している。[5] あるケースでは、このテクノロジーを活用することで、ダウンタイム（それは新しい機械やシステムを導入する際にどうしても発生してしまう）を50パーセント削減することができた。またすべての設備が稼働状態にある際の純利益は、25パーセント増加した。

このテクノロジーは、工場の効率を向上させる（ＺＢＳＣ領域）だけでなく、エンジニアやメンテナンス担当者が他の高付加価値業務に取り組む時間を増やす（ＺＢＯ領域）ことを可能にしている。

シンバイオティック社のロボットは、マシンビジョンを活用して、変形や破損した箱を検知して取り除く[6]。また棚のスペースを測定して箱が収まるかどうかを確認し、すぐにパレットから商品を取り出して並べることで、コンベアベルトやパレットの保管スペースが不要になる。そうして不要になったスペースは、追加の棚に使うことができる（ＺＢＳＣ領域に関係する話だ）。

さらにベストシナリオでは、倉庫で従来の倍の商品を保管する、もしくは従来の半分の面積で運用することが可能になり、すでに住宅等の建物がある地域にも立地しやすくなる。そして生鮮品が消費される場所により近いところで保管できるようになる（ＺＢＣ領域）。

コカ・コーラは、世界中の小売店で清涼飲料が冷蔵されるクーラーキャビネットを管理するために、ＡＩを用いた概念実証（ＰｏＣ）プロジェクトを試験的に行った。このプロジェクトでは、ＣＲＭ（顧客関係管理）ソフトウェアのベンダーであるセールスフォース・ドットコムが開発した新しいＡＩ「アインシュタイン」が導入された[7]。

アインシュタインをベースとしたアプリケーションによって、社員が小売店の現場にて携帯電話でクーラーキャビネットの写真を撮り、それをアインシュタインの画像分析サービスで分析して在庫管理に役立てることを可能にした。

アインシュタインはＣＲＭ上のデータや、気候データ、季節性、販促活動、在庫レベル、過去データといった各種パラメーターを考慮した上で在庫補充のタイミングを予測し、アドバイスする。[8] 在庫把握と補充自動化により、社員が事務処理にかける労力と時間（ZBO領域）が節約される。またシステムにインテリジェンスが付加されたことで、売上改善と顧客満足度上昇（ZBC領域）の可能性が生まれた。[9]

AIを利用して人間の力を拡張し、ビジネスプロセスを見直している企業は、パフォーマンスの段階的な向上を実現し、業界の最先端に到達している。自動化の手段としてのみAIを導入した企業は、パフォーマンス上のメリットを得ることができるかもしれないが、その効果はいずれ行き詰まるだろう。今後10年以内に、「企業がAIを導入したかどうか」ではなく、それを「どのように導入したか」によって、競争優位に大きな差が生まれると私たちは予測している。

すでに確立されている仕事のやり方を変えるのは大変だが、「これまでどうだったか」ではなく「どうあるべきか」を中心に考えるZBxのマインドを組織に根付かせることは、単純なビジネスケースを超えた利益をもたらす。[10] では、どうすればレベル0への道を歩み出すことができるのだろうか？

考慮すべき重要なポイントが2つある。第1に、レベル0を機能させるために必要な能力の構築を加速するために、どのようにエコシステムのパートナーと協力できるかを考えることだ（コラム参照）。現在のテクノロジーが進化するペースの速さを考えると、スタートアップとの提携は、市場の新しいソリューションを理解し、組織を短期間で成功に導く上で有利となる。第2に、組織のニーズに合わせてテクノロジーを最適化するためには、人間と機械の関係が持つ構造、プロセス、相互作用を理解することが欠かせない。

コラム

エコシステムの影響によるコスト構造の変化

エコシステムは、複数のプレイヤー間の潜在的コラボレーションの深さと広さによって決まる。各プレイヤーはソリューションの一部を提供することも、必要な能力を提供することもできる。エコシステムでは、1人のプレイヤーがソリューションのすべてのコンポーネントを所有したり操作したりする必要がなく、エコシステムが生み出す価値は、各プレイヤーが個別に貢献できる合計価値よりも大きい。

企業はエコシステムを形成することで、顧客基盤を拡大して新しい市場への進出を推進する新たな製品やサービスの提供というイノベーションを成し遂げるのである。たとえばアディダスとシーメンスは、「スピードファクトリー」という、インテリジェントな製造工場を実現するために協力している。この工場では従来の方法よりも速く、低コストで、カスタマイズされた靴を作ることができ、コスト曲線を劇的に変化させ、成長を加速させている。[11]

ZBSCでコスト構造をシフトする

それでは、レベル0を使ってコスト構造を変革するにはどうすれば良いのだろうか？サプライチェーンを例に考えてみよう。コスト削減の取り組みが、損益計算書に成果となって現れていることに強く同意する経営幹部は、全体の3分の1に過ぎない。コスト削減目標を達成するためにリーダーシップが適切なイニシアチブを進めていると確信している経営幹部はさらに少ない（18パーセント）[12]。

これは企業が、前章で触れたサプライチェーンのコスト改善による縮小均衡の罠に陥っていることを示唆する。企業はコスト構造を根本的に変化させ、サプライチェーン全体のパフォーマンスを向上させ、持続的な成長を促進する新たな価値を創出することが可能であるにもかかわらず、段階的なコスト削減を追求してしまうのである。

ＺＢＳＣが本当の最適解をもたらすのは過去の業績に基づいて考えたり、第１四分位のベンチマークに依存したりしないからだ。そこでは新しいレベル０を設定し、業績目標をストレッチすることを継続的に追求する。これを既存の継続的改善プログラムと比較してみよう。

企業が過去のベンチマークから得られた目標を達成するために必要な改善を行う頃には、そのベンチマークの対象となった存在は先に進んでいる。ＺＢＳＣを使用することで、企業はデジタル技術と持続可能性（サステナビリティ）に関する仕掛けを取り入れ、グローバルな業務全体のコストとパフォーマンスを最適化して、データがもたらす知見と価値をより豊かなものにすることができるのである。

ＺＢＳＣを通じて、企業は持続可能性の考え方を取り入れ、水道光熱費や原材料、包装といったサプライチェーンのカテゴリーをゼロベースで検討する。たとえば、ナイキは古いアイテムの素材を使った衣料品ラインを設計し、新しい高性能衣類に変えている。同社では平均82パーセントの再生ポリエステル繊維と、平均で最大13種類のリサイクルされたペットボトルを制服に使用し、製品ライン全体の原材料コストに劇的な影響を与えた。コストの削減と収益性の向上が達成されたわけだ[13]。既成概念にとらわれず、さまざまなテクノロジーや分析、持続可能性の取り組みを取り入れてレベル0を目標に設定することで、企業はサステナブルな業務のあり方を実現できる。

メンテナンスコストを考えてみよう。予知保全では、機器類の使用状況、摩耗、その他のコンディションといった情報が、さまざまな手段を通じて収集される。そして対象となっている機器類から過去に得られたデータを使用して、統計モデルを構築する。そこから得られた知見を基に将来の故障の可能性を把握することで、予期せぬダウンタイムや生産の損失を防ぐことが可能になる。

レベル0のアプローチでは、機械学習を活用して、特定の障害パターンを識別する精度を更新し、改善することに取り組む。また得られたデータや情報に基づいて、ＫＰＩや予知保全、根本原因分析などに対してアドバイスが行われる。

またいわゆる「ラストワンマイル」の配送に対しても、レベル0の考え方を適用できる。地下鉄の駅や商業施設など、消費者にとって受け取りやすい便利な場所にスマートロッカーを設置して、そこに荷物を届けるといったことが考えられるだろう。スマートロッカーにはカード決済端末が装備されており、安全な場所に設置されると共に、小型カメラで遠隔でモニタリングされる。利用者はパスワードを受け取ってロックを解除する。このメリットは明確で、配送コスト、投資、社員の労力の削減が見込まれる。

ＺＢＯでコスト構造をシフトする

レベル０に基づいた真のあるべきコストモデル（Should cost model）を適用することでシフトできるのは、売上原価の曲線だけではない。[14] ゼロベース組織（ＺＢＯ）アプローチでは、特に顧客と対面する業務や、収益を生み出す業務、他社との差別化を生み出している業務を重視することによって、企業は付加価値のない活動を自動化、統合、または排除できる。

受注・支払い業務を例に挙げよう。顧客から注文を受け、それに対応して現金を手にするまでのプロセスをＯＴＣ（Order to Cash）と呼ぶが、それは顧客に直接影響を及ぼす。セルフサービスの顧客向けポータルサイトのような人工知能を応用したサービスは、顧客の体験を改善でき、コグニティブ・エージェントは問い合わせ対応の時間を削減できる。デジタル技術は次のような形でＯＴＣを支援するだろう。

●**自動化**：ロボットは複数のデータソースから得られた過去の対応パターンに基づいて、

複雑なケースを解決できる。ＯＴＣでは、完全自動化による処理の割合が近い将来90パーセントを超えることが確実と言われている。

●予測強化：デジタルの「管制塔」が、売上の損失につながるような在庫切れに関する情報を提供してくれる。先進的な企業は、オンラインストアのデータとマーケティングに関する知見を組み合わせた予測分析を行い、生産オペレーションを回している。また債権管理では、顧客の将来の支払いに関する知見を与える。こうした予測機能は、ＯＴＣにおいて事前に問題を特定し、影響を最小化するのに役立つ。

●連携強化：連携強化によって、収益の成長を管理する新しい機能を実現し、企業の販売に関する投資（プロモーション、価格、取引条件、製品ポートフォリオなど）を総合的に最適化できる。これにより、販売プロセスとマーケティングプロセスに一貫性を持って収益の増加をもたらす。

●拡張性強化：グローバル企業には、新しい国への進出と買収を通じて事業の拡大をサポートする、グローバルＯＴＣが必要だ。その鍵を握るのが標準化である。しかし、ひとつのソリューションですべてを解決できるわけではない。複数カテゴリーの製品を扱うある多国籍企業では、多くの国々の多様な要求に対応するために、3つのOTCモデルが定義された。

いまRPA(Robotic Process Automation、ロボットによるプロセス自動化)が勢いを増している。大規模に展開した場合でも、RPAの導入コストの回収には3～6カ月しかかからない[15]。それは導入した組織が、アプリケーションやシステムを跨って、現状のタスクを自動化できるようになるためだ。

過去10年間のデスクトップ自動化技術から進化したRPAは、現在あらゆる業界に導入されている。それは企業が、RPAというこのデジタル・アシスタントを利用して、ピーク時の業務量に対応するリソースとスタッフを管理する発想に立ち始めたからだ。

人材確保・育成のためには、エンプロイーエクスペリエンスの向上が極めて重要だ。社員が他の人々と密接につながりながら仕事をする時代において、デジタルはそれを可能にする上で欠かせない役割を果たす。調査によれば、企業はすでに社内において、コラボレーションツールや予測型の社員向けサービス、社員に消費者のような体験を提供するセルフサービスアプリを活用している[16]。

また企業がエンプロイーエクスペリエンスを向上させると、顧客ロイヤルティの上昇（プラス17パーセント）や収益の増加（プラス11パーセント）など、いくつかの重要な指標において競合他社よりも優れた成果を挙げることができる。[17]

調達業務についてはどうだろうか？　デジタルを使ったビジネスサービスが成熟しつつあり、たとえば調達プロセスを支援するボットの適用は、購入者の取引にかかる負荷を軽減し、より戦略を追求することを可能にして、さらにはより革新的な調達機能への再投資のための資金の確保につながる。

戦略的調達のプロは、ルーチン作業から解放され、必要なデジタル技術を持つサプライヤーを市場から掘り出し、ビジネス部門と一体で新規事業による価値創造を推進していけるようになる。[18]　クラウドやコグニティブコンピューティング、ＲＰＡ、インダストリアルＩｏＴ（ＩＩｏＴ）、予測分析のおかげで、将来において調達業務に係るコストは40～60パーセントも減少すると予測されている。[19]

ＩＴの分野では、ＺＢｘは社員を従来の業務から解放して再編し、ビジネス目標を直接推進する、より革新的で成長を重視したイニシアチブを行えるようにする。また戦略的で将来を見据えたテクノロジー（それは組織のあらゆる領域においてますます中心的な役割を果たすようになっている）に社員たちがより多くの関心を向けることも可能にする。

再びゼロから始めることで、企業は過去に組織を支えてきた硬直化した構造から解放され、柔軟で境界が曖昧な「エコシステム」によって将来に進んでいけるのである。

ユーザーサポートと顧客向けサービスを例に挙げよう。自動化技術とＡＩソリューションがこの業務の大部分を占めるようになると、企業は優れた顧客サービスを一貫して提供しながら、大幅にコストを削減することができる。また社員を単なる手続きを処理する役割から、ユーザーとのつながりを確立し、よりパーソナライズされた体験を提供するための仕事へと移行させることもできる。[20]

また企業は、ＩＴインフラにゼロベースの考え方を適用し、より多くの作業をＡＷＳ（アマゾンウェブサービス）のようなクラウドソリューションに移行している。物理的なデータセンターから移行することで、企業は固定費のモデルから、変動費型でスケーラブルなモデルへと移行できる。

こうした移行が運用モデルにどのような影響を与えるかを理解している企業は、新しい働き方をサポートするために必要なスキルセットや、将来の人材プロファイルが今日の人材プロファイルと異なる点についても検討を進めている。

ZBSとZBCでコスト構造をシフトする

施設管理では、仮想現実ヘッドセット、デジタル接続サービス、スマートミーティング、シェアリングアプリケーションといった新しいテクノロジーが、物理的なミーティングの回数と関連コストを削減している。

さらにGIS（地理情報システム）テクノロジーを利用してさまざまな空間の使用率を把握することで、空間利用の最適化を進められる。そしてGISはオフィススペースを有効活用し、社員の生産性を最大化するために、社員のニーズに合った職場を実現する指針を提供してくれる。

コネクテッド照明システムは、光や温度、エネルギー消費量、空間占有率を測定するセンサーを備え、人や自然光の状態に適応してエネルギーコストを節約できる。インテリジェント・セキュリティシステムは、人間によるセキュリティを、警備員として機能するスマートカメラやロボットなどに置き換えることができる。

その他、ゴミが満杯になっていないかリアルタイムで監視するスマートゴミ箱や、1時間に何人のトイレ利用者がいるかを把握するカウンターのようなスマート追跡技術は、清掃のためのリソースをもっとも効率化するにはどうすれば良いかを判断してくれる。

SiriやAlexa、WhatsApp、Facebook、Chatといった自然言語処理ソフトウェアが組み込まれた仮想アシスタント（VA）は、AIの意思決定技術を利用して、問題の解決やトランザクションの処理、問い合わせへの応答を支援する。顧客とのコミュニケーションは、音声通話やオンラインのチャットボットを通じて行われる。

仮想アシスタントは相手の人口動態上の特徴や過去のタッチポイント、リアルタイムのインタラクションデータに基づき、顧客の意図を予測してパーソナライゼーションを行う。そのメリットは、人間のエージェントの数を抑える一方で、より多くの顧客により大きな満足感を提供できることだ。

オンラインでのやり取りにとどまらず、声、顔、性別、感情を認識する機械は顧客とのコミュニケーションから、彼らの好みに応じて最適な製品の推奨や特別なプロモーション・割引を提供することもできる。これらのソリューションは、自動化によって販売プロセスのスピードと品質を向上させ、拡張現実と仮想現実によってカスタマイズされたサービス、ブランド・プロモーションを提供することで顧客満足のあり方を大きく改善する。

可能性を追及する

要するにレベル0によるアプローチは、既存のコスト構造に沿って段階的な改善を進める（たとえばわずかな高速化や効率化を行う、数パーセントの業務量削減を行うなど）ためのものではない。それは「前例のないやり方で、何が可能か」を考えるアプローチだ。今日の先進的なデジタル技術が、これまで不可能だったことを可能にし、したがって企業がコスト構造を完全に再構築することも可能だと理解するためのものである。

それがますます成功を収めているという事実は、伝統的なベンチマーク主導のコスト削減アプローチの時代が終わろうとしていることを意味している。[21]

［注］

（1）Daugherty and Wilson（2018）.
（2）Perez（2018）.
（3）Daugherty and Wilson（2018）.
（4）Babcock（2016）.
（5）Sight Machine（2016）.

（6）Daugherty and Wilson（2018）.
（7）Salesforce（2018）.
（8）Wainewright（2017）.
（9）Daugherty and Wilson（2018）.
（10）Lake（2018）.
（11）Prodhan and Taylor（2017）.
（12）Corr（2018）.
（13）Nike（2012）.
（14）Bhatt（2018）.
（15）Healy（2016）.
（16）Accenture Strategy（2017）.
（17）Forrester Research; Accenture Interactive（2016）.
（18）Papa, Kaufman and Maxwell（2017）.
（19）Accenture（2016b）.
（20）Lake（2018）.
（21）Perez（2018）.

第4章

ZBxを浸透させる

企業文化——この言葉にはさまざまな意味がある。多くの企業にとって、企業文化とは単に「普段行われていること」を指す。あるいは「我が社でのやり方」を意味する。ＺＢｘで成功するには、企業文化もゼロベースで考え、新しい価値体系を組織全体に浸透させて、すべての社員がビジネスオーナーのような考え方・意思決定をする必要がある。ＺＢｘにとって企業文化は、「我が社がすべきやり方」を追求することである。

そのためには、組織のすべてのレベルで説明責任を明確にする必要がある。説明責任はＺＢｘの中核を成す概念だ。それが中核にないと、組織内の手続きは意味を失い軽視されてしまう。コストをマネジメントする者は人々の善意に期待や希望を敢えて持つべきではない。いつの間にか古いやり方が復活してしまい、苦労して得た利益も失われてしまう。

ＺＢｘではコストと支出の管理が継続的に行われ、ＲＯＩと予算目標を巡ってポジティブな雰囲気でチームワークが育まれる。人々はさまざまなコストカテゴリーに責任を持つようになり、会社のお金を自分のお金と同じように扱うことを奨励され、たった１ドルの支出でも、それに価値があるかを考えるようになる。[1]

説明責任を明確化する文化が定着するかどうかは、オーナーシップと起業家精神を組織全体に浸透させるリーダーがいるかどうかに尽きる。もう少し具体的に説明しよう。新たな企業文化を定着させるために、リーダーが頼ることのできる手段が３つある。それは

ＺＢｘを永続させ、企業を市場の変化に左右されないようにしてくれる。(2)

第1の手段：トップのメッセージをデザインする

ここで重要なのは「トーン」だ。効果的なＺＢｘリーダーシップを実現できるかは、トップダウンで命令を出すかではなく、どのようにリーダーが話し、行動するかにかかっている。リーダーには単刀直入に会話し、信頼性と透明性を打ち出すことが求められる。それは人が変化に直面すると、不信感を抱いて新しい方向性に疑問を抱くからだ。彼らが目にする行動や振る舞いが、新しい取り組みは上手くいくのかもしれないという信頼を生み出す。

リーダーと社員では、変化に対する捉え方が異なる。リーダーは通常、変化をビジネスと自身の両方にとってのチャンスと考えるが、社員は、変化を破壊的で煩わしいものと捉え、そこから損失が発生する可能性もあると考える。コミュニケーションが遅すぎたり一貫性がなかったりすると、リーダーは変化の影響をもっとも受ける人々に敬遠されてしまう。

それを避けるためには、組織の中でトップマネジメントと現場のギャップを埋める、優れた「変革ストーリー」が必要だ。この変革ストーリーでは通常、何が問われているのかを比喩や類推を使って説明し、ＺＢｘの３つの側面——変化の必要性、今後の課題と機会、変化が個人に与える影響——を解説する。こうした物語は、箇条書きでまとめるのではなく、リーダーによって散文形式で書かれるべきだ。

良いストーリーはまた、情緒面にも訴える。これは、これまで大切にしてきた習慣や日課に別れを告げ、最初は居心地悪く感じる可能性のある、別の未来を受け入れるように社員を誘導しなければならないからだ。リーダーは社員に合わせてストーリーを作り上げ、組織の伝統を引き合いに出して忠誠心や愛情を呼び起こし、自分が口にしたり書いたりする中で、自らの個性を示す必要がある。

繰り返しになるが、トーンは極めて重要であり、感情や個人的な成長目標を、オープンかつ正直な形で、さらには謙虚な形で共有することは、リーダーの信頼性を高める。

人員削減など社員にとって受け入れがたい問題では、社員に恐怖心を抱かせることが多いため、伝え方には注意が必要だ。既存の体制を変えることが、将来より良い方向へと進むチャンスとどのように結びつくかを詳しく説明しなければならない。官僚的でない職場、これからも成長する企業で働けると理解すると、人々は積極的に参加してきてくれるようになる。

ＺＢｘがどのように機能するか、誰がそれを推進するか、組織の戦略とどのように調和するか、どのような結果を期待しているか、それが社員にどのような影響を及ぼすかを説明する責任はリーダーにある。そしてリーダーは、ＺＢｘの成功に対する社員の自信を醸成し、組織全体で自責の念を持った同意形成を後押しせねばならない。これは組織が過去の取り組みによって、変化に伴う疲労に苦しんでおり、さらには戦略的なイニシアチブを成功させる能力に自信がなく、社員がいら立っている場合に特に重要だ。

第2の手段：魅力的なリーダー——「我が社ではこうやる」を変える

組織改革を成功させるためのもっとも重要な要素のひとつは、経営陣が新しい働き方を目に見える形で上手く示せるかどうかである。リーダーは、説得力があり人々の興味をそそるコミュニケーションを通じて、また模範を示すことによって組織全体が同じ行動を取るよう積極的に奨励しなければならない。ロールモデルとして振る舞い、変化を成功させる上で期待あるいは信頼される好例を示すのだ。

人々から信頼され、尊敬される人物が新しい行動を明確にモデル化し、奨励すれば、その行動は急速に広がる。そして重要なのは、それが定着するということだ。

世界的な大手食品メーカーでは、社員に対し、自分が会社のオーナーであるかのように振る舞い、特に賢く支出を行うという点において、個人的な責任感が浸透するよう働きかけた。そして彼らの節約から生まれた資金を新製品の開発、成長、デジタル機能の強化に再投資した。

リーダーは日々の対話の中で望ましい行動の例をモデル化し、変革を推進するためにあらゆるレベルで影響力のある社員の協力を求めることができる。しかし、その新しい行動は「本物」でなければならない。経営陣が口先だけで変化を促せば、絶望的な状況を招く。

人々がZBxから逃げ腰になるのは、文化の変化が起きるからではない。そこに野心が求められるからだ。

――ある電子機器メーカーのCEO

第3の手段：企業のDNAに行動を根付かせる

ZBxは人々の働き方を劇的に変える。たとえば、コストカテゴリー・オーナーシップ（第8章参照）という、支出に関する新しいガバナンスモデルが組織に導入され、支出に対して同時に説明責任を負う異なるグループ（エンティティのオーナーとコストカテゴリーのオーナー）の間に健全な緊張関係が生み出される。ＺＢｘが登場する以前、ほとんどの企業では予算のオーナーは一人だけだった。

またゼロベースのボトムアップ型予算編成アプローチは、新しいマインドセットを組織に根付かせるのに役立つ。人々は前年の予算を削減することに文句を言うこともあれば、目標を達成するためのリソースを正確に守ることもある。「使わなければ失われる」というマインドセットからＲＯＩマインドセットへと移行させるのだ。こうしたＺＢｘの側面については、ＰＡＲＴⅡでさらに詳細に解説する。

その一方で、ＺＢｘを監視するために、多くのルール、プロセス、チェックボックス、入力フォーム、およびスプレッドシート等から成る「プログラム」を運用したいと思うかもしれない。しかし、こうしたプログラムの運用自体は非常に現実的なものだとしても、それを使えば組織をリードできると考えた瞬間に災いを招く。

ルールの設計が多少粗くても、マインドセットと行動の変化に力点が置かれている場合は、ＺＢｘが全体的に成功する確率は高い[3]。それは組織のＤＮＡを変異させるからだ。

そのためＺＢｘを根付かせるには、リーダーと社員が日常的に繰り返す態度や行動にも注意を払う必要がある。小さな行動の変化であっても、他の人がその価値を認めて追随するようになれば、組織全体に波及効果を生み出すことができる。

ポジティブな側面を強調し、さまざまな機会を関連させ、他者（社）による証明に訴えること。つまり、「これは皆さんと同じような方々が、新しい規範の導入を促進するためにすでに行っていることです」と示すわけである。人々は無意識のうちに他人の行動を真似る。これは特に、同僚間で言えることだ。

お互いを尊重することは、影響力の強力な源となる。人々は密接に、そして頻繁に一緒に働くチームメイトによって情報が伝達されるときに、耳を傾ける。日常の中でコストを削減し、より効率的なプロセスを再構築する「ヒーロー」が目立つようにすることが効果的だ。そうした支持者たちのネットワークに火をつけることは、新しい役割やツール、働き方に対して組織的な賛同を得るのに役立つ。

正しい行動を認識して報酬を与えることは、行動科学の基本原則だ。組織は個人および組織のパフォーマンス目標を設定することで、望ましい変化を強化できる。また「ムチ」ではなく「アメ」、つまり金銭的および非金銭的なインセンティブを通じて人々を動機づけることで、彼らがZBxを通じてもたらされるメリットを実感できるようにしよう。

変化を達成された予算削減の一部を、それを成し遂げた人々に還元したり、アイデアや成功体験を共有できるフォーラムを設置したり、支持者にスポットライトを当てたりするのである。

企業は人事部門のリーダーと協力して、社員のライフサイクルを図式化し、新しい基準や行動を組み込むべきタッチポイントを把握する必要がある。そのために新しい方針を社員の入社手続き時にきちんと示したり、新しい行動を正式な職務記述書に書き入れたりする。社員のエンゲージメントに関する新しい手法を利用して、求められる行動を日々の業務に組み込むことができる。

たとえば、ある大手グローバル食品メーカーでは、社員に対して会社のオーナーだったらどうするか考えて行動するよう促した[4]。つまりそれぞれが決断を下す際に、関係者全員のメリットと比較検討することを求めたのである。

短期間（ほんの1カ月程度）のプログラムを実施することで、個々の社員に示されるパフォーマンス目標や「マイクロアクション」を通じて、社員が新しい方法で仕事をするのを助け、共通の目標に向かって同僚との絆を深めることができる。

たとえば、企業内ソーシャルメディアを通じて、日常的な行動における1日1件のマイクロアクションを発信することで、ＯＪＴを促し、社員が新しい方法で仕事をするのを助けることができる。

参加者はチャットのようなインターフェース上で日々の課題を受け取り、それを実行し、反省し、仲間のコメントと進歩を見る。ゲーム的な要素は競争を生み出し、社員のエンゲージメントを維持し、学習を日常業務に組み込む。

企業は自社のDNAレベルまで変革をもたらさなければ、ZBxの維持に苦労することになる。組織が正しい方向に向かっているかは、次の4つの質問でチェックすることができる。

- ●社員はどのように新しい働き方をデザインし、維持するようになったか？
- ●これまでになかった行動は、報酬やインセンティブの体系にどのように組み込まれたか？
- ●社員やチームの成功はどのように把握され、周知されているか？
- ●ZBxの文化を社員のライフサイクル上のどの場面で刷り込むように仕組まれているか？

変化の要

皮肉なことに、組織が成功を収めるとき、もっとも称賛されるのは経営層であり、チームのリーダーシップは、縁の下の力持ちとしてしか認識されない。しかし実際には、変革を実行する上でもっとも重要な役割を演じるのは、組織の中間層、すなわちエンティティのリーダーであることが調査で示されている[5]。

１５０社のグローバル企業で変革の取り組みに携わる約１００万人の社員を調査したところ、変革を成功に導く10の主な要因が特定された。それにはビジョンと方針の明確性、コミュニケーション、エンティティとチームのリーダーシップ、スキルと人員の適正配置、システムとプロセス、説明責任と多様に渦巻く感情のコントロールなどが含まれている。

そうした要因の中で、エンティティのリーダーシップが、ビジネス上のパフォーマンス（有効性、顧客サービス、コスト管理の改善など）にもっとも大きな影響を与えるだけでなく、メリットの実現にも大きな影響を与えている。さらに変化を推進する他の主要な要因はすべて、主にまたは間接的に、リーダーシップによって推進されている。つまり、組織の中間層が自ら生み出したり、動かしたり、促したりしない限り、変化は長続きしない。彼らは集団として、組織の上と下をつなぐ要となる。

彼らはトップからボトムへという方向で、企業のビジョンを社員が理解し、そして（こちらの方がより重要だ）受け入れることのできる言葉に翻訳する。ボトムからトップへという方向で、部下のチームが必要なコミュニケーションを受け、説明責任や肯定的な感情を持ち、仕事を進めるためのリソースを準備することを保証するのである。

ZBxを維持する

人々が正しい行動を続ける文化を築くには、この章で概説したすべての要素と、それ以上のものが必要だ。その「それ以上」とは、すべての支出を完全に可視化し（事業部門、カテゴリー、地域をまたいだ詳細なレベルで）、さらに企業の価値を高め、競争力を強化するために、より賢くお金を使う方法を探るクローズド・ループ・プロセスである。本書の次のパートでは、ＺＢｘの要諦であるクローズド・ループアプローチについて解説する。

[注]

（1）Timmermans（2015b）.
（2）Andrews（2018）.
（3）Barea, Banerjee, Feliciano and Mueller（2017）.
（4）Ibid.
（5）Accenture Strategy（2016b）.

PART II

第5章

ゼロベースマインドの鉄則

「ZBxクローズド・ループ」を構成する6つの要素

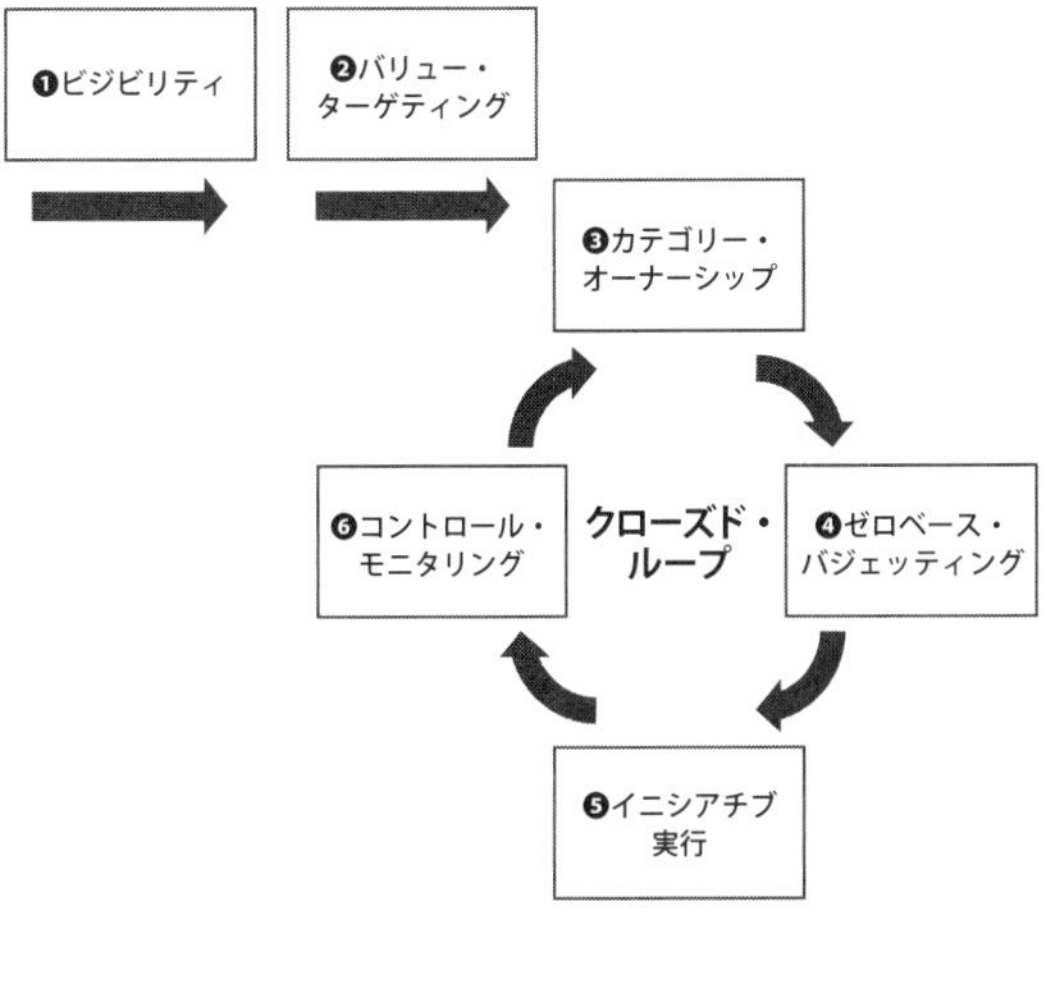

本書ではここまで、ゼロベースのアプローチの裏側にある背景と戦略について説明してきた。次に、それをマスターし、ZBxを一度限りの取り組みから戦略的で長続きするマネジメント手法へと変えるために必要な能力について考えてみよう。その鍵を握るのは、私たちが「ZBxクローズド・ループ」と呼ぶものを確立することである。これはゼロベースのアプローチを成功させ、持続可能にする秘訣だ。

「ZBxクローズド・ループ」とは、戦略に対してリソースがどのように配分されるべきかという問題を絶えず問う、モニタリング―計画―実行の好循環である。それは6つの要素から構成され、それらを組み合わせることで、組織の各部門において損益の完全なビジビリティ（可視性）を一貫して実現する。また、あらゆる支出に明確なオーナーシップを確立し、組織に説明責任の意識を埋め込む。

ZBxクローズド・ループを構成する要素は次の6つで、本書の残りの部分でそれぞれ解説を行う。

●ビジビリティ（可視性）を高める

ビジビリティはベースラインを確立する。ここからループがスタートし、それはZBx内のすべての基盤として機能するからだ。組織を変えようというのに、最初にその全体を

――欠点も含めて何もかも――見ずに取り組みを進めることなどできるだろうか？　このステップでは「悪い」コストと「良い」コストを科学的に把握する。それは単なる認識や組織内の「神話」から、事業の状況に関する冷徹な事実へと意識をシフトすることで、変革を可能にする。すべての取り組みを推進する際の基準となる「共通理解を得たベースライン」を確立するのだ。

●バリュー・ターゲティング

バリュー・ターゲティングとは、経営目線で到達したい目標数値を置くこと、そして現状パフォーマンスとの差を明確にし、そこに到達するイニシアチブを見つけることだ。ここでは財務インパクトを把握しつつ、どの戦略にどの程度の投資が必要かを検討する。それを通じて、企業はコスト効率と売上拡大の両面において、継続的にイノベーションを起こす風土を定着させていく。

●カテゴリー・オーナーシップ

ＺＢｘはバリュー・ターゲティングで設定された目標に対する、これまでにないレベルで説明責任の所在を明確にする。特定費目を事業部横断で見渡す〝カテゴリー・オーナー〟

とエンティティ・オーナー間でのクロスチェックが行われる組織モデルを導入し、「健全な緊張関係」を促進していく。この緊張関係があってこそ、経営目線で到達したい目標数値の実現に近づく。

●ゼロベース・バジェッティング

ゼロベース・バジェッティングは、リソースを戦略的な優先事項にリンクさせ、組織全体で経営目線での目標数値をたたき出す実行計画を動かしていく。予算編成プロセスとは、実質的に計画、動機付け、評価、調整を実現する触媒であり、組織内のすべての人々を同じ方向へと向かわせる。予算編成によってオーナーシップが強化されるため、説明責任も強化される。最終的にこのフェーズでは、トップダウンの目標とボトムアップの運用計画を結びつけ、組織を迅速かつ効率的に動員して課題に対応し、その過程で競争優位性を獲得できるようにする。

●イニシアチブ実行

企業の戦略は、上手く実行されなければ破綻してしまう。言わずもがな、このステップがもっとも難しい。ZBxを通じて何千ものイニシアチブを生み出すが、それぞれにリソース、管理、測定が必要とされる。

●コントロール・モニタリング

ZBxは一度きりのアプローチではなく、長期的に維持される管理手法である。コントロールとモニタリングは、組織が継続的にビジビリティと結果を維持することに留意し、そこから脱線した場合に、当初の軌道へと戻すための修正手順を行うステップだ。

デジタル化されたクローズド・ループ

クローズド・ループアプローチは秘密の調味料だが、デジタルツールを追加することでより効能が増す。クラウドベースのグローバルなコラボレーションツールを使えば、企業がコスト目標を予算に組み込み、支出を管理する方法を変えることができる。それは支出に関する情報の収集と分析を一元化し、その結果を「ただひとつの真実」と位置づけて比較可能にする。

適切なBI（ビジネスインテリジェンス）とデータ分析のツールがあれば、ユーザーはデータサイエンティストでなくても、コスト削減を考えるにあたっての洞察を得ることができる。

そうしたＢＩツールは時間が経つにつれ、ゼロベース・バジェッティングを精度の高いレベルで予測するＡＩおよび機械学習アルゴリズムを機能させるための基盤となる。

データのビジビリティは全世界のほぼすべての企業にとって課題である。企業全体の4分の1が、コスト関連のレポートを作成するのに依然としてスプレッドシートを使っていることを考えれば無理もない[1]。スプレッドシートを自動化およびＡＩテクノロジーに置き換えることにより、企業はデータのビジビリティと品質を担保し、ＫＰＩおよび関連プロセスを劇的に改善できるのである。

次の章では、ビジビリティのステップについて詳しく見ていく。

[注]

（1）Timmermans and Abdalla（2018）.

第6章

ビジビリティを高める——否認から受容へ

「ZBxクローズド・ループ」を構成する6つの要素

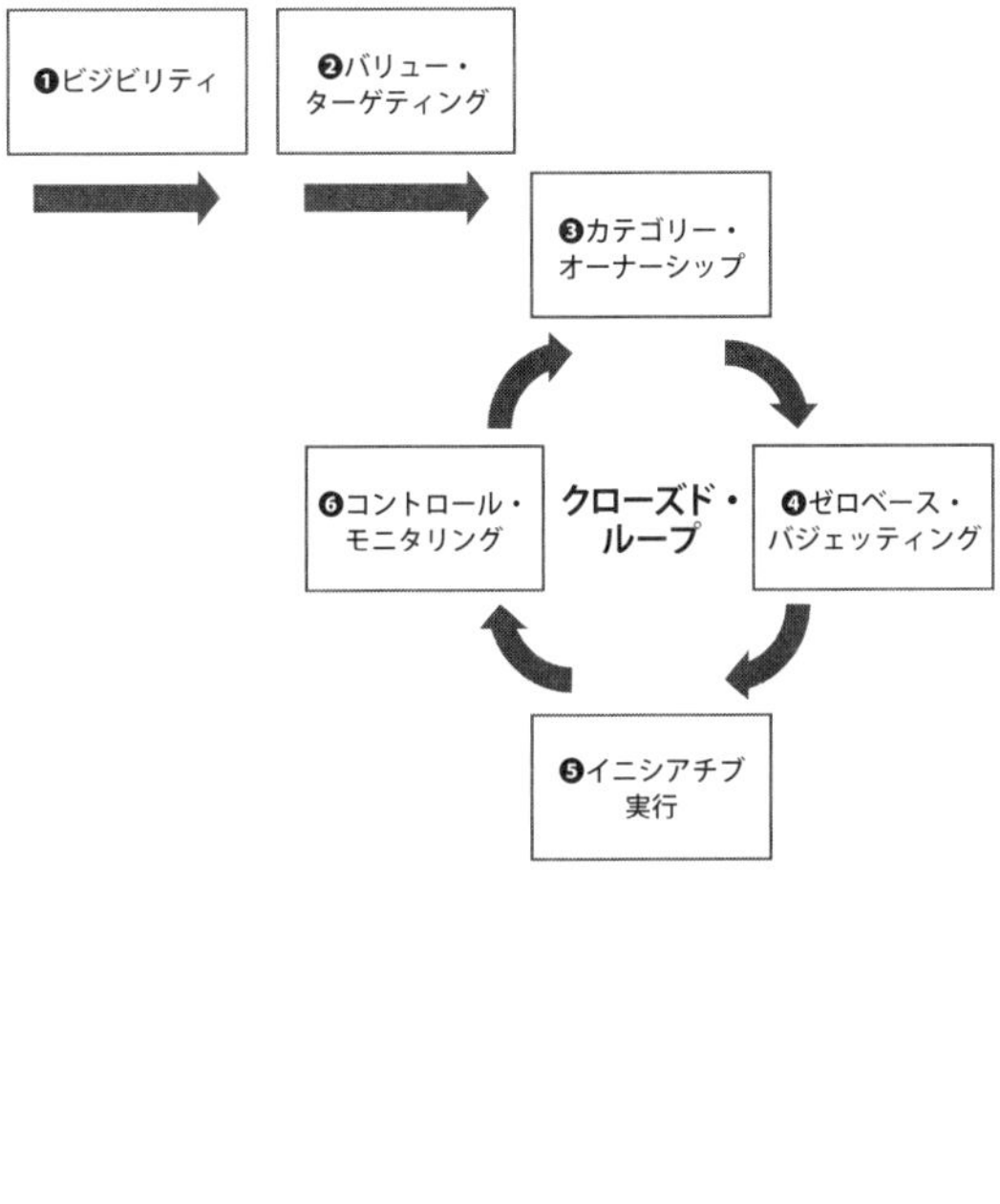

精神科医のエリザベス・キューブラー＝ロスは、死の受容プロセスには5つの段階があるとし、それを「否認」「怒り」「取引」「抑うつ」「受容」と称した[1]。組織内でビジビリティを高める際には、同じような段階を踏むことになる。社内でどのくらいの支出があるのかという現実を経営陣が見ると、最初の反応は「否認」で、その直後に「怒り」が現れる。

しかし否認から受容への移行は、文化の変容が始まるときでもある。現実を明確に把握しなければ、変わるのは不可能だからだ。ビジビリティを高めることで、「こう思う」ではなく客観的な現実に基づいて行動することが組織のマインドセットとなり、あらゆる努力の基盤となる「共通理解を得たベースライン」が確立され、変革が可能になる。

ＺＢｘの各アプローチ（ＺＢＳ、ＺＢＯ、ＺＢＳＣ、ＺＢＣ）は、損益計算書内の異なる勘定科目について一貫したルールでビジビリティを高めることに焦点を当てている。そしてそれぞれのカテゴリーには、異なる課題がある[2]。

ＺＢＳから説明する。ＺＢＳは人件費を除くすべての一般管理費をカバーしている。企業の勘定科目体系には、粒度が十分ではない場合がある。また勘定科目の定義が不明確であったり、欠けていたりすることがあり、損益計算書の別の勘定科目に、コストが誤って分類されたり隠れていたりする。さらにコストに関連するデータは、さまざまなフォーマットや分類で、さまざまな場所に分散されている。

ほとんどの企業では、分析されるトランザクションの数は数百万にもなる。また通常、コストの20～35パーセントが正しい勘定科目に再配賦される。これらのトランザクションを分類する作業を人手で実施するのは、困難だ。ＡＩツールで散在するデータを集め、それらを迅速に分類するアルゴリズムを駆使して「ただひとつの真実」を提供してくれる。その結果、実際の販管費ベースラインは、経営幹部が考えているよりも20～40パーセント高くなることが多い[3]。

次に、ＺＢＯは一般管理費に含まれるすべての人件費をカバーする。企業は通常、機能やコストセンターの観点から組織の構成を考えており、その結果プロセス全体を変革する力や、それが生み出す成果を制限していることが多い。ＺＢＯは、社員が手掛ける業務プロセスの全体像と、彼らが組織に対して提供する成果に焦点を当てている。

実際のところ、財務や人事の分析を行う際、当事者である財務や人事の人々を含めていない企業もある。この状況を変えないと、取り組みの成果が制限されてしまう恐れがある。

ＺＢＯの方法論は、機能的な境界線にとらわれず、プロセス全体を理解することに焦点を当てている。そこでは機能やコストセンターに関係なく、社員を適切なプロセスにマッピングする。これにより、組織のコストに対する理解が深まり、バリュー・ターゲティングおよび組織設計の段階でのコスト削減の考え方と意思決定が改善されるのである。

ＺＢＳＣは売上原価、製造および物流における変動費、ならびに製造もしくは物流ネットワークに関する固定費をカバーする。

製品設計、生産、輸送、サービスに関連するトランザクションは膨大であり、処理しきれないほどの複雑さを有している。この複雑さによって、製品、部品、資産、機器の一般的な分類法に従わないデータセットが生まれ、企業が詳細なレベルで情報を取得し処理する能力を低下させてしまう。

サプライチェーンのリーダーは、各工程の担当者からデータを得て、それを処理し、パフォーマンスに関する概要レベルの情報を提供する。問題は、この情報が「あるべき姿」ではなく、実際に起きたことに基づいた過去のパフォーマンスを記録していることだ。

ＺＢＣは販売、マーケティング、販促費、価格設定の機会をカバーしている。ＺＢＣのクローズド・ループアプローチは、販売行為に関するすべての領域について詳細なビジリティを提供し、非生産的な活動を継続的に特定、排除、防止する。これは企業が販売コストの最適化に関する主要な問題に対処する一助となる。

そうした問題は多くの場合、顧客体験を損なうものであり、それが他社への切り替えや解約の引き金となって、最終的に損益にマイナスの影響を及ぼすことにもなる。優れた顧客体験は、顧客価値にとって重要だ。

満足した顧客は、より多く購入し、試し、再購入し、その企業とより長く付き合い、より寛容で、より多く周囲に宣伝してくれることで、企業の収益性を高めることが証明されている。

ＺＢＣはその上で、企業が全顧客に対して、顧客ベースで損益を把握し、各顧客体験の価値などを正確に評価できるようになる。こうした知見は、各顧客の相対的な価値への貢献度を明らかにし、顧客体験への正しい介入を促す。

最終的にＺＢＣは、企業が顧客ロイヤルティを収益化し、提供コストや解約率、不良債権を最小化し、価格設定を最適化し、顧客体験を向上させるのに役立つ。

ベースラインから始める

ビジビリティの精度を高めるとは、つまり、バリュー・ターゲティングに進む前提として、必要十分なレベルの透明性を確保することだ。その上で、関係者全員に、目標達成のためには何が必要で、それをどのように達成し得るか、これまでとは違う考え方をすることを求めるのである。

それを形成するプロセスは、さらなる効果をもたらす。現在のコストに関して、ステークホルダーたちの意識が高まるのだ。エンティティ・オーナーは、自分のお金がどこに向かっているのかを詳しく知ることはめったになく、それを知ったときにはたいてい受け入れに時間がかかる。ベースラインは、将来の効率的なコストのベースを実現するために必要なステップと、変更が必要な行動を特定し、理解するのに役立つ。

確固たるベースラインを確立するための最初のステップは、企業独自ルールでカスタマイズされた勘定科目表を分析することだ。勘定科目表は、企業の財務状況を正しく表さなければならない。ビジビリティ（勘定科目の数）と支出の類似性（各勘定科目の金額）の間で、バランスの取れた妥協点を見出さなければならない。

また各勘定科目の名称、注釈、説明は、専門家でない人々でもどの支出をどこに振り分けるかを理解できるように、十分に明確なものでなければならない。

勘定科目表の使用者のほとんどは会計士ではなく、総勘定元帳を解釈する経験があまりないため、勘定科目の名前が曖昧だと彼らはミスを犯しがちだ。その結果、彼らは誤って「その他」や「雑勘定」のような勘定科目に支出を振り分けてしまうことになる。

ほとんどの場合、「その他」として計上される支出の80～90パーセントは、より具体的な科目に振り分けることができる。そうした計上をなくす、あるいは最小化することは、次の2つの理由から、ZBxにとってもっとも重要な取り組みとなる。

●正しい計上を行っているエンティティを、そうではないエンティティと比較してベンチマークすると、正しく計上しているエンティティに不利益を与える。
●正しい計上を行っていないエンティティの支出に基づいて設定された予算目標は、普通ではあり得ないほど低くなり、結果としてその他のエンティティの目標は到底達成できないものになってしまう恐れがある。その結果、異なるフェーズにあるエンティティ・オーナー間に内輪もめが発生しかねない。

管理会計上の配賦先部門コードの階層を分析し、それを最新の組織図に合わせる必要がある。部門コードが組織図と一致しない場合は、これを更新しなければならない。ＺＢｘの特徴は、革新性と収益性を促進する資金を捻出するために、リソースをシフトすることだ。そのため説明責任が重要になる。

ＺＢｘの範囲内で発生するすべてのコストについて、支出の責任者に正確にトレースできることが、極めて重要なのだ。コストの認識には、直接費と間接費という異なる種類がある[4]。

●直接費はコストを生み出した部門コードに直接紐づいている。直接費のもっとも一般的な例は、人件費や原材料費だ。

●通常、直接費に分類できないものはすべて間接費に分類される。そして間接費は一般的に、経常費と販管費に分類される。

これは単純な説明だ。しかし間接費を特定のエンティティへと直接的に紐づけることが難しい。ほとんどの企業は、何らかの配賦方法を使用している。その一例が、ITやエネルギーなどの使用量を把握する「シートチャージ」だ。こうしたコストの配賦方法次第で、大きく数字が動くことは明らかであり、特定のエンティティが抱える真のコストを見誤る可能性がある。

説明責任を定着させるために、ZBxは直接費と間接費（特に経常費）を標準的な方法とは異なる形で扱う。あるコストについて、それに大きな影響を与えるエンティティの管理者にのみその責任を求めるという「管理可能性原則」を使うことで、である。

管理可能性原則は、管理者が責任を負う領域から統制不可能な項目を除外するか、報告書上で統制可能な項目と統制不可能な項目を区別して表現することで実現できる。[5]

ZBxの下で個々の管理者を評価する際には、その人が統制できないコストや状況の影響を取り除くべきだ。たとえば、本部費や研究開発費、為替レートの変動による損益などである。統制不可能なコストは、最終的にそのコストに責任を負い、削減に向けて行動できるエンティティに計上されるべきだ。たとえば本部費はコーポレート・センターのエンティティに、研究開発費はR&Dを担当するエンティティに、為替レートの変動による損益は財務のエンティティにといった具合である。

ZBxのベースライン（およびその後のコスト監視と管理）は、そのエンティティが管理不能なコストを除いて計算する。なお、だからといって、製品やサービスの原価、あるいは供給コストのような費用を後で配賦して事業部P&Lとして仕上げることを否定するものではない。ZBxではあるエンティティの管理責任外のコストは除いて財務状況のスナップショットを撮り、ZBxの目的に合わせて、その情報を固定して利用する。

ゼロベース予算は1回限りのイベントではなく、体系的なアプローチだ。それはオーナーシップの確立と、より少ないリソースでより多くの成果を達成することに尽きる。それは説明責任を促進し、社員が会社のお金を自分たちのお金と同じように扱うことを奨励する。

——グローバル消費財メーカーのCEO[6]

エンティティ単位での管理

ＺＢｘの中で言うエンティティとは予算が用意され、モニタリングされる最小レベルの単位だが、企業にとっては依然として大きなサイズだ。これは単一のマネジャーの管理下にあるコストセンターおよびプロフィットセンター、もしくはインベストメントセンター（つまり「責任センター」）の集合体となる。

エンティティは組織図に従って各部門のマネジャーレベルまでブレイクダウンされる（図表６―１）。そして各部門のマネジャーは、彼の下の調整役やスーパーバイザーを使って部門予算を取りまとめる。

たとえば、教育や開発を担当するマネジャーは、彼自身が持つ予算と、彼が管掌する各地域に置いているスーパーバイザーが持つ予算を集約するという具合だ。同じく、人事部門の中で、横並びにある各部門マネジャーは彼自身の予算と彼が管掌する地域予算を集約する。

一方、人事部門すべてを統括するＨＲ部門長も、自身の予算を持っているはずである。これを部門マネジャーの予算と混ぜてしまっては見える化のレベルが下がってしまうため、

図表6-1　エンティティ・オーナーの階層

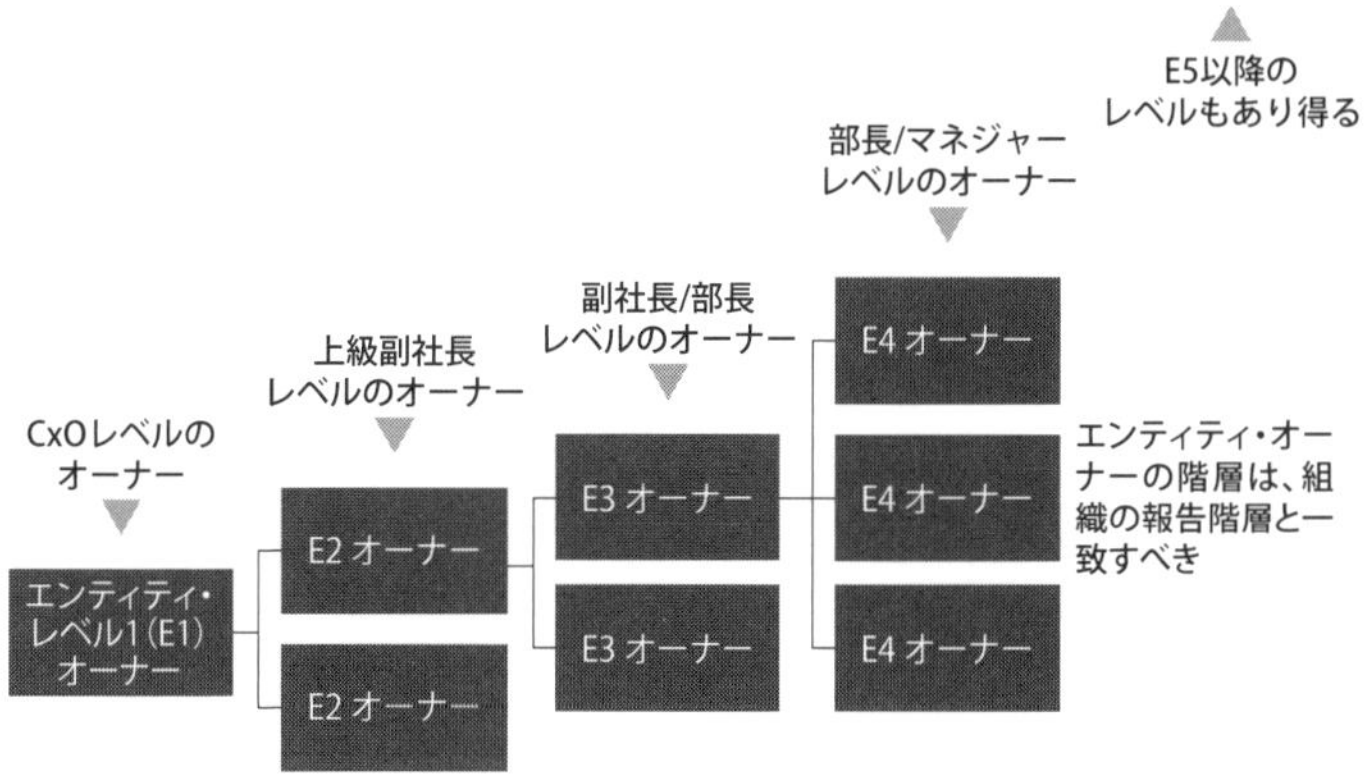

混ぜずに別枠として認識し、扱っていく。

同じように、本部長・役員・執行役員等レベルが上がるごとに、その役職が持つ予算を混ぜることなく認識して、ZBxのベースライン設定の中で取り扱っていく。

企業によっては、特定の必要性や限られた工数のために、ゼロベースのアプローチを特定の事業部や部門だけに適用することを選ぶ場合もある。その場合は当然ながら、パイロット導入する部門に含まれるエンティティのみが対象となる。

最後に、事業部の支出において、通常業務にかかった費用なのか、特定のプロジェクトにかかった費用なのかを区別して管理することが重要だ。こうした区別は、適切なベースライン——それは意思決定の際の土台となり、また節約されたコストを測定する際の基準となる――を構築する上で不可欠となる。これらが混同されたままの状態は、誤解（および誤った情報に基づく目標と予算設定）の主な原因となる。

またこの区別により、人件費や請負業者・コンサルタントへの支払い、旅費といったプロジェクト支出のビジビリティが向上し、各プロジェクトのＲＯＩを適切かつ比較可能な方法で評価できるほか、プロジェクトと通常業務の支出の適切な予実対比も可能になる。

ゼロベースのアプローチは、継続的な改善サイクルを促進するものである。そのため、チャレンジすることに積極的なリーダーがいる組織でしか適用できない。したがってＺＢｘを導入する際、事業廃止あるいは売却される予定が見えているエンティティに焦点を当てるべきではない。

勘定科目のマッピング

コストカテゴリーは、総勘定元帳内で類似した性質やテーマを持つ、組織にとって重要な意味を持つサイズの勘定科目の集合体であり、通常は（必ずしもそうであるとは限らない）複数のエンティティに共通している。それは組織内の支出について、極めて詳細かつ標準化されたビジビリティを実現し、リソースが使用される際の説明と管理を行うために使用される。

ビジビリティと説明責任、そして複雑性の間のトレードオフ、および具体性の程度は組織によって異なるため、コストカテゴリーの数については、あらゆる企業に当てはまる適正値というものはない。だが通常、それは20～30の間だ。もっとも一般的なコストカテゴリーには、給与、残業、メンテナンス、物流などがある。

ZBxの対象範囲に応じて、コストカテゴリーを通常とは異なる形で分類する企業もあり、その種類は「単純系」「複雑系」「変動系」となる。

「単純系」カテゴリーでは通常、購入に関する意思決定が企業内に分散されており、固定費的な性質を持つ。コスト削減はビジネスへのリスクを最小限に抑えながら、行動を変えて新しい基準とガイドラインを適用することによって実現される。そして規則が部門を超えて一貫して適用されることが期待される。その好例が、福利厚生やその他の人件費、旅費や法務費などのコストカテゴリーである。

「複雑系」カテゴリーはより専門的な支出が含まれ、固定費の場合もあれば、ボリュームに対する変動費の場合もあり（販売もしくは生産に関するもの）、通常は支出に関する意思決定が中央集権化されている。コスト削減の方策は効率性の向上に関するものが中心になる。というのは、こうした分野で無謀な予算削減を進めると、ビジネスにリスクをもたらす可能性があるためだ。その好例が、給与や残業、販売、マーケティング、メンテナンス、物流である。

「変動系」カテゴリーはボリュームに直接リンクしており（販売もしくは生産に関するもの）、コスト削減は効率性の向上に関係している。その好例が、原材料と、間接費以外の水道光熱費カテゴリーである。

人事データを実態に合わせる

ZBxにおいては支出と進行中のプロジェクト投資が非常に詳細に評価されるため、経営陣が関与することになる。財務部門と調達部門は互いに協力し、誰が何にどれだけのお金を使っているかを経営陣が理解できるようにする。経営陣は「この投資は収益を最大化しているか？」を問うていく。

こうした行いは物件費だけでなく、人件費についても行われるべきだ。しかし人事システムや給与システムの更新が追いつかない組織のレポートラインの実態が変更されていることが多いため、人員がどのように配置されているかを正確に理解するのは非常に困難だ。その結果、人事データの方が古く、現実を反映していないのが普通だ。

また人事システムと給与システムは予算・会計システムと完璧には統合されていないため、組織図、給与、予算の間にミスマッチが生じる。エンティティには実際のレポートラインではなく、給与または原価配賦に従って人件費が配賦される。

ほとんどの企業は最近まで、グローバルのデータを一貫性がありアクセス可能な形式では収集できていなかった。ユニリーバの人事部長であるジェームス・ストリンガーは、「ほんの数年前まで、我が社で何人働いたかを計算するだけでも大変だった」と述べている。「現在ではグローバルなデータとシステムがあるため、マウスをクリックするだけで情報にアクセスできる。そうした標準化された高品質なデータによって、私たちは分析を行うための強固な基盤を手にしているのだ」。大企業がルールに則り一貫性のある人事データを蓄積するために必要なリソースを投入し始めたところだとすると、中小の企業はこの点について、まだまだやるべきことがある可能性が高い[7]。

人工知能は組織内の各部門の特性を学習し、適応することによって、役職と組織の機能的な役割とのマッピングを高度に行うことができる。たとえば、工場で働く金融アナリストを例に挙げる。この担当者は財務部門に属するが、組織図においてはサプライチェーン部門の中の役割を担っている。

総勘定元帳と支払いデータを（AIで）一致させる

ビジビリティに関するもうひとつの課題は、科目のレベルに存在する。勘定体系が適切に使用されていないか、勘定科目の粒度が十分でないため、典型的に全費用の20～35パーセントを再配賦する必要が出てくる[8]。したがってビジビリティの過程で総勘定元帳を買掛金データと相互参照することは、必要不可欠となる。支出が正しく計上され、一貫性のあるデータを抽出できるようにすることは、ZBxプロセス全体にとってもっとも重要だ。

調査によれば[9]、ゼロベースのアプローチを導入しようとしている企業の4分の1近くが、レポート作成にスプレッドシートを使用している。自動化されたAIを活用するアプローチは、データのビジビリティと品質を劇的に改善し、プロセスを効率化する。支出の収集と分析を一元化し、それをデータ視覚化と分析ツールでサポートすることで、必要なインサイトを持ってビジネス上の意思決定を賢く・効率的なものにできる。

AIを使った機械的な見える化は、継続的な成長する過程においてビジネスオーナーたちが重要な意思決定を行う際に必要なデータを常に提示することを可能にし、それが基礎となってゼロベースのアプローチの導入に必要な文化の変革が進んでいく。

反復的な費用と一時的な費用の区別

ビジネスは周期的なものだが、時に状況が一変する場合もある。工場が突然閉鎖されたり、不可抗力に直面したりするのだ。また、消費のトレンドは一夜にして変わりかねない。その結果、例外的なコストや、新たな予期せぬコストが発生することになる。それらのすべてを特定し、考慮に入れる必要がある。

またコストは、発生頻度（反復的か一時的か）の面からも検討される。非反復的なコストの例としては、プロジェクト設計、市場評価、設備投資、トレーニング、売却などがある。反復的にかかるコストの例には、原材料、直接労働、流通、輸送、包装および販売が含まれる[10]。

過去の通常業務に関する信頼性のあるデータベースを構築するには、反復的な活動と一時的な活動（特にプロジェクト）で支出を分けることが重要だ。この区別は、人件費や請負業者・コンサルタントへの支払い、旅費などを含むプロジェクト関連支出と、非プロジェクト関連支出の両方をより良く可視化するために必要となる。

またそれは、各プロジェクトのＲＯＩを正確に評価し、予想される支出を比較し、進行中のプロジェクト同士の優先度付けやランキングを行うことを可能にする。
さらに重要なのは、予算化されていない新規プロジェクトの承認が容易になることだ。
平時業務コストは、次のように計算される。

ZBxの範囲内での前年度支出実績
（−［マイナス］）一時的な支出
（+［プラス］／−［マイナス］）期間限定のボリューム変更
（+［プラス］／−［マイナス］）期間限定のスコープ変更
（−［マイナス］）期間限定の特別プロジェクト
（=［イコール］）平時業務コスト

変動性を理解する

ビジネスの平時業務における実際の値を正しく把握したら、次に重要になるのは予算と実績の違いを理解することだ（現在と過去2～3年分）。インフレ、季節性、スコープとボリュームの変化、特別なプロジェクトなどの影響を理解するために、ベースラインとなる平時業務の実績値と今年度の予算の間で変動分析を行う必要がある。

変動分析は、予算ですでに検討されている進行中のコスト削減計画についてもつまびらかにする。その目的は、企業の予算編成能力がどのくらい優れているか、どの項目が変動しやすいかとその理由まで、あらゆる情報を知ることだ。変動が大きすぎたり、財務チームが説明できなかったりする場合には、エンティティ・オーナーがしっかりとしたベースラインの説明を果たさなければならない。

前年のコストから現実的なベースラインを作成するために必要な調整項目は非常に多く、通常は数十万にも達する。それは概念的には単純であるものの、多大な労力を要する。またすべての調整項目が合意され、取り組みスタート時点の損益に明確に結びつく形で記録されるように、体系的に行う必要がある。

人工知能は確かに役に立つ。しかしこの作業が、複数のステークホルダーを巻き込んだ困難なものであることに変わりはない。ただその努力は、尽くす価値のあるものだ。その価値は、取り組みスタート時の地点を正確に把握できることもさることながら、一連の現状消費に関する理解を通してステークホルダーが共有する教育的効果である。これは堅牢な計画を進めるために必要な合意と賛同を得るもっとも効果的な方法だ。

このようにビジビリティは、クローズド・ループの次のステップであるバリュー・ターゲティングに向かう前提条件である。

[注]

（1）Kübler-Ross and Kessler（2005）.
（2）Timmermans and Abdalla（2018）.
（3）Accenture（2015b）.
（4）Needy and Sarnowski（2004）.
（5）Drury（2015）.
（6）Askew（2016）.
（7）The Economist Intelligence Unit（2015）.
（8）Timmermans（2015a）.
（9）Timmermans and Abdalla（2018）.
（10）Needy and Sarnowski（2004）.

第7章

バリュー・ターゲティング——経営目線で到達したい目標数値の設定

「ZBxクローズド・ループ」を構成する6つの要素

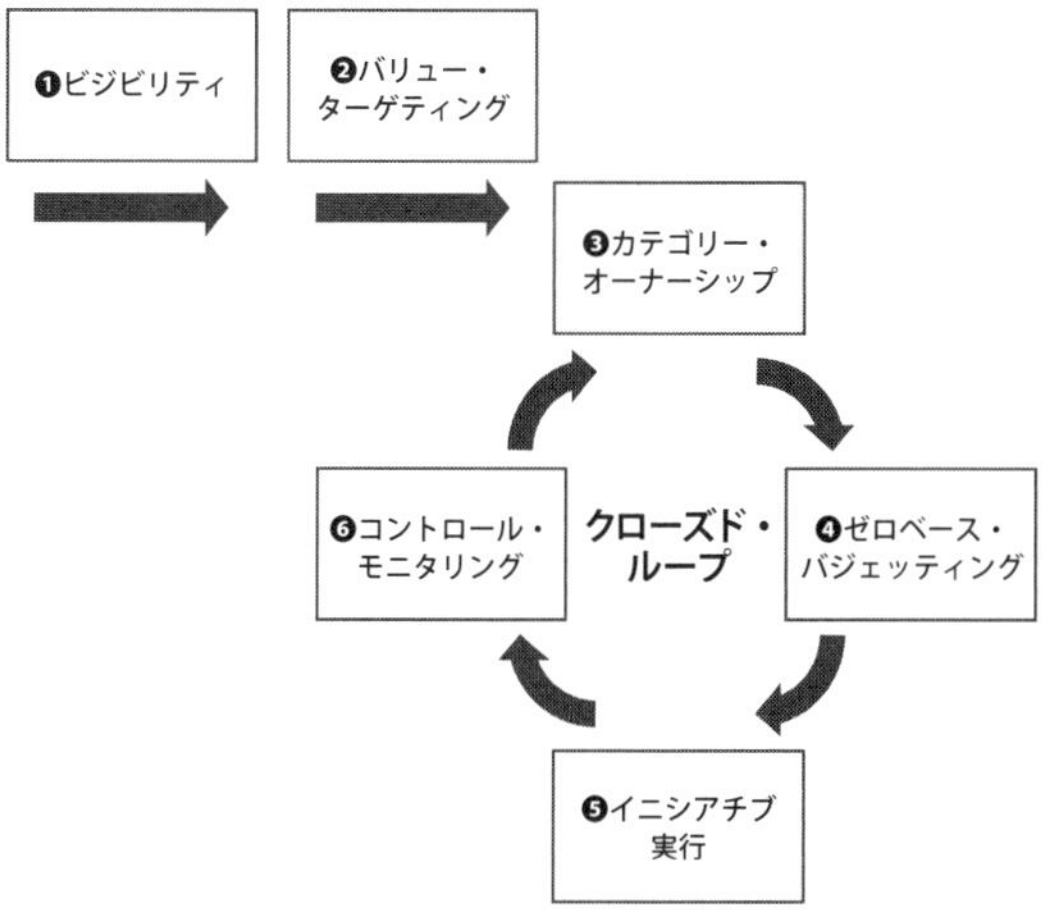

バリュー・ターゲティングは、ゼロベースからコストと収益の最適化余地を定量化し、経営目線で到達したい目標数値を達成する道筋を描くことである。その過程において、コスト効率と売上拡大、収益性、加えてステークホルダーからの信頼性に関する継続的なイノベーションを起こす風土を作っていく。

たとえば、多国籍企業における旅費のマネジメントでは、出張の回数を最小限に抑えることで会社は旅費を節約でき、その分を成長分野につぎ込むことができると同時に、二酸化炭素排出量の削減や、社員のワークライフバランスの改善という観点で企業の信頼性向上にも寄与する。

バリュー・ターゲティングでは、トップダウンの到達すべき数値目標とボトムアップの分析を使用して、収益、単価、費目、コスト要因の改善機会と具体的なイニシアチブを定義する。企業内の文化がゼロベースのアプローチを受け入れるにつれ、それは当たり前の作業として行われるようになる。

最終目標は、低付加価値の活動（価値に直結しない悪いコスト）を高付加価値の活動（価値に直結する良いコスト）へとシフトし、効率性と有効性を高め、収益を改善することで、企業のリソースを戦略的な優先事項に動員できるようにすることだ。

あるソフトウェア会社の例を考えてみよう。彼らは、より機敏でクラウドベースの競合他社と競争するために、製品の販売から利用ベースのモデルへと移行した。同社のビジネスモデルが変化したにもかかわらず、カスタマーサポートセンターは顧客の技術サポートや、１コール当たりのコスト削減、処理時間の短縮などに集中していた。

利益率を上げるため、同社はゼロベースの考え方でカスタマーサポートに対するアプローチ全体を再定義した。古い指標をすべて取り除き、「製品の採用」という重要な指標からアプローチを新しく検討することで、同社は顧客に対して製品情報をより多くの時間提供したエージェントに報酬を与えるようになった。

その結果、運用コストが大幅に増加することなく、同社のソフトウェアの利用は大幅に増加した。そして組織全体の関心がもっとも重要なものへと向かうにつれて、成長とイノベーションの機会が増加したのである。

バリュー・ターゲティングの手順は、１回限りではなく継続的なものだ。それは次の３つのフェーズから構成され、機能横断的なプロセスが含まれる。

●ギャップを把握する

ＫＰＩを決定し、業界内で最高クラスの企業に対してベンチマークを実施してギャップを把握する。ギャップを把握するには、パフォーマンス向上の可能性がもっとも高いエンテイティを特定する必要がある。次に、バリュー・ターゲティングのためのワークショップを実施して改善すべき追加領域を特定する。

●ギャップの金額インパクトを測る

現在のパフォーマンス・レベルと、ベンチマークで目標としたパフォーマンス・レベルの差に基づいて、削減されるコストの潜在的な額を計算する。

●ギャップを埋める

ギャップを埋めるためのイニシアチブを特定し、レビューを行った上で、実施するイニシアチブを選択する。

最初のフェーズである「ギャップを把握する」では、コストカテゴリーとＫＰＩを選択する。各ＫＰＩの定義は組織全体で整合確認し、データが比較可能になるように、またベンチマークとの比較が全体に適用されるように注意しなければならない。

次に、データをシステムと現場への訪問を通じて収集する。そして業務の詳細な分析を通じて、ＫＰＩを計算する。ベンチマーク（トップダウンの目標）は、社内（社内の部門間）

と社外（競合企業に対する）の両方で行われる。

ワークショップの価値

ギャップを把握するもうひとつの方法は、年に一度、各部門の代表者を集めてバリュー・ターゲティングワークショップを開催し、コスト削減の手段について議論することである（ボトムアップ分析）。企業内の特定領域のオーナー（その領域に日常的に関与している人々）は、その領域の将来を描く主役である。

このボトムアップのアプローチは、社員に明確なメッセージを送る——私たちは皆さんの知見を大切にしていて、皆さんに共に未来をつくるための重要なパートナーになってほしいと考えている、というメッセージだ。これはトップダウンのアプローチよりも時間がかかる場合があるが、変革を推進する人々自身が施策を設計するため、その変革が定着する可能性が高まる。

バリュー・ターゲティングワークショップはコストカテゴリーごとに構成され、具体的な結果を重視し、ベストプラクティスを共有する中で、新しい機会を発見し、リソースの潜在的用途（マーケティングへの投資など）、そうしたリソースのＲＯＩ、組織の戦略とそれらの整合性やトレードオフについて話し合う。カテゴリー・オーナーと主要なステークホルダーは、イニシアチブを評価してアクションプランを定義し、イニシアチブごとにオーナーを割り当てる。

　こうしたワークショップを成功させるには、準備が大事だ。ワークショップ前に検討すべき新しい機会を特定して把握し、コストカテゴリーごとにイニシアチブのリストを作成。ＣＡＰＥＸ（資本的支出）およびＯＰＥＸの必要性や、実施時期がまとめられた「虎の巻」を準備することが重要になる。

　ワークショップでは、既存のイニシアチブが調査され、新しいイニシアチブを検討するためにブレインストーミングが行われる。次に効果を定量化し、効果の発現タイミングを特定してそれを狙ったリソースの投入の判断までがセットになったアクションプランを策定する。

　最後に、これらのワークショップの成果は、見落とされている可能性のある重複・トレードオフに対処するため、他のグループにも提示される。この作業はすべて、バリュー・ターゲティングの2番目のフェーズである「ギャップの金額インパクトを測る」につながる（１００ページのコラムを参照）。

　ワークショップの成果物は、費目別のＲＯＩトラッカーだ。それはたとえば、オーナーシップや今後２〜３年の結果の年間実績、および今後４四半期の予測結果（ハイレベルなフェーズ分け）を詳述する。最終的に、これらのアウトプットは予算策定のインプットとなる（この点については、後ほど詳しく解説する）。

「ギャップの金額インパクトを測る」フェーズでは、ビジビリティからの結果と「ギャップを把握する」フェーズからのインプットを使って、会社全体での効果を金額として算出する。実現される可能性のあるコスト削減額は、現在のレベルとベンチマーク結果のレベルに特定の費目の単価と数量を乗算したものである（図表７−１）。

より具体的に理解するために、生産工場での水のコスト削減を考えてみよう。それは現在のレベルとベンチマークで得られたレベル間の水使用率（水使用量÷生産量）の差に、水の単位コストと生産量を乗じたものに等しい。

この「第１四分位」もしくは「業界最高クラスとのベンチマーク」アプローチに加えて、新しいデジタル技術により、既存のベンチマークを超えるパフォーマンスの実現が期待できる。それが第３章で解説した、レベル０のアプローチだ。

ＣＡＰＥＸへの投資なしに、すべてのギャップを埋められるわけではない。それは古い機器と新しい機器の間、あるいはＥＲＰとレガシーシステムの間などに技術的な差異があるためだ。したがって、先ほど計算されたコスト削減額は、そうした投資を考慮して調整す

図表7–1 「ギャップを把握する」→「ギャップの金額インパクトを測る」→「ギャップを埋める」

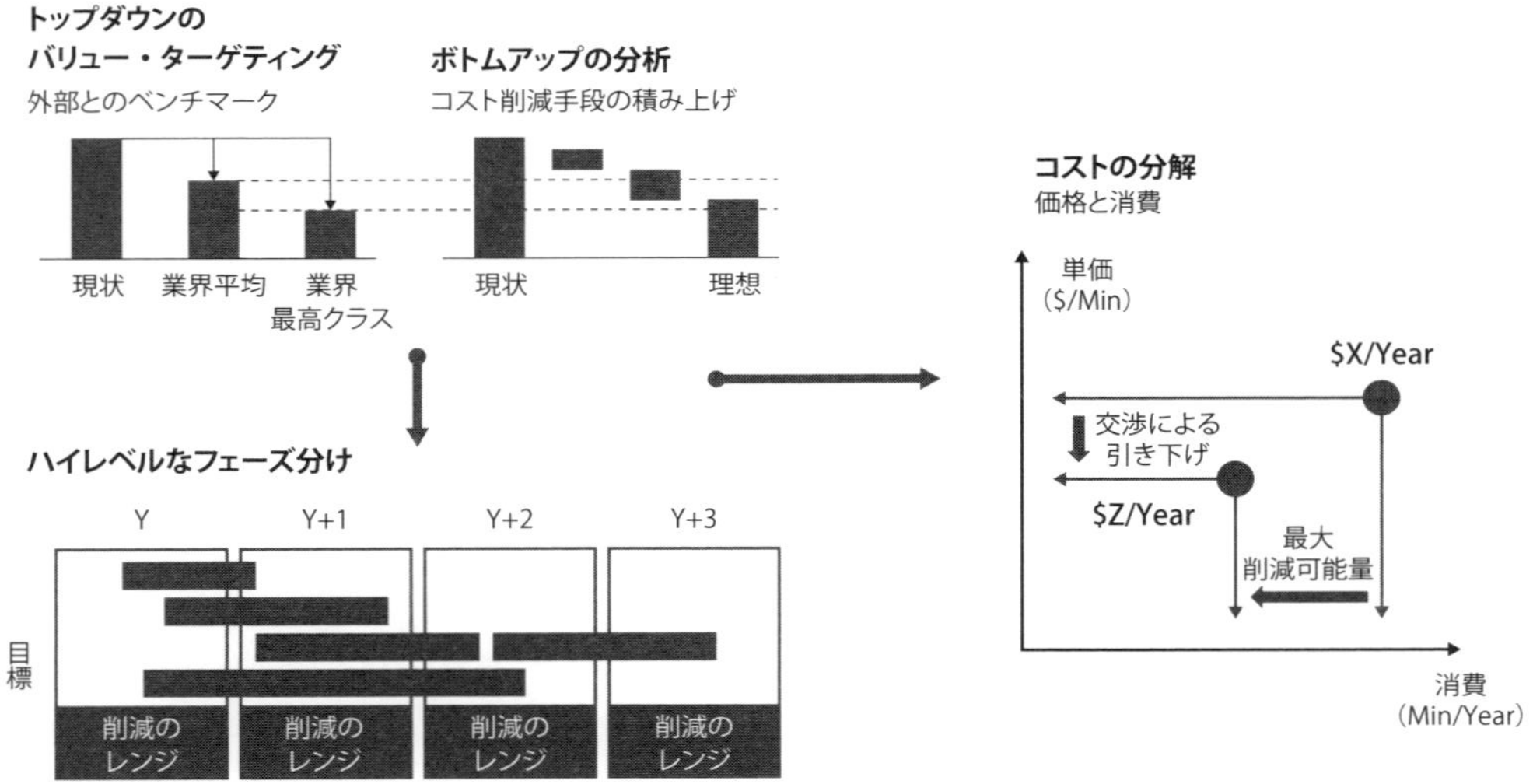

図表7-2　コスト削減機会の優先順位付けマトリックス

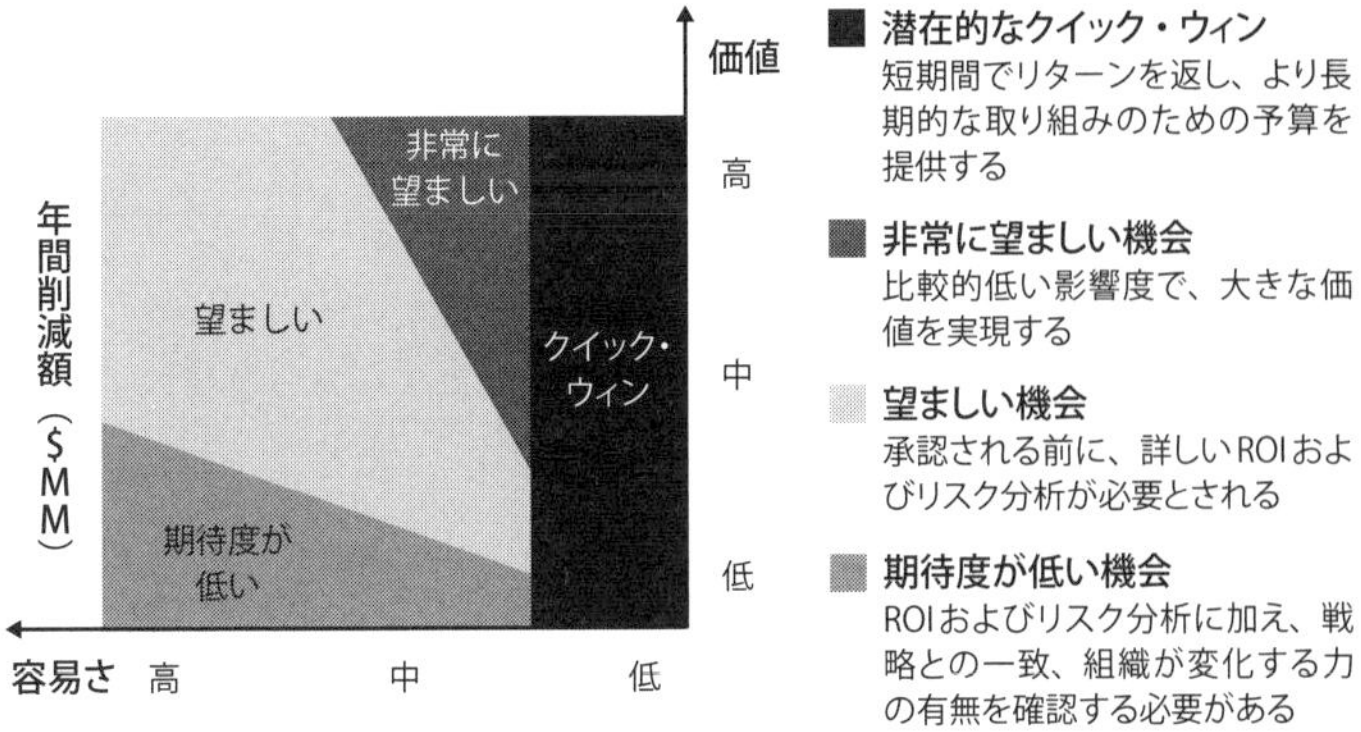

る必要がある。

ＣＡＰＥＸへの投資と、それに伴う追加的なコスト削減については、特定のビジネスケースで検討する必要がある。各コストカテゴリーに割り当てられたすべてのコスト削減予想額の合計は、バリュー・ターゲティングにおける最後のフェーズ、すなわち「ギャップを埋める」でのハイレベルなコスト削減目標額へとつながる。

しかし、企業のリソース（時間、資金、人材）には限りがある。そのためすべての機会をすぐに、そして一度に追えるわけではない。つまりコスト削減の機会は、潜在的な価値、実施の容易さ、契約上の制約に基づいて優先順位をつける必要がある（図表7－2）。

ギャップを埋めるためには、組織をさらに

詳しく調べなくてはならない。各分野の専門家との深いディスカッションは、イニシアチブを特定し、定量化する効率的な方法だ。

そうしたディスカッションでは、参加する経営陣はいくつかのグループに分かれ、それぞれ特定のコストカテゴリーをカバーする。

そしてそれぞれのグループが、割り当てられた部門を分析し、進行中のイニシアチブの状況を理解した上で、社内の他の場所でも展開できるベストプラクティスを抽出するのである。

コラム

イニシアチブのアイデア①

価値を生み出すイニシアチブを特定するのは、必ずしも容易ではない。ブレインストーミングを開催して、バリュー・ターゲティングにおいて特定され、予算編成においてそれへの対応がコミットされたギャップを埋めるための、具体的なイニシアチブのリストを作成する。その際、発想を促す刺激としてさまざまな「典型的な議論の切り口」を活用すると良い。このコラムでは、ZBxにおいて創造の火花を散らすためのアイデアを紹介する。

1. 無駄なものを省く

- 使われていないものを取り除く
- 購買窓口を一本化する
- 過剰なものを減らす
- システムに対する管理を減らす
- リサイクルもしくはリユースする
- 代用品を使う
- 仕様を一般化する
- 直接商流とする
- 必要な分だけ用意する
- サンプルを抽出してみる
- 目標や基準を変更する

2. ワークフローを改善する

- 作業を同期させる
- 複数のプロセスでスケジュール調整する
- 引き継ぎを最小化する
- プロセス内のステップを近づける
- ボトルネックを見つけて解消する
- 自動化する
- ワークフローをスムーズにする
- タスクを並行で実施する
- 人々をひとつのシステムと見なす

- 複数の処理ユニットを使用する
- ピーク需要に合わせて調整する
- プロセス内のステップの順番を変更する

3. 在庫を最適化する

- 在庫を予測需要に一致させる
- プル型生産システムを使用する
- 機能オプションを減らす
- 同じアイテムの複数のブランドを減らす

4. 働き方と意識を変える

- 人々が情報にアクセスできるようにする
- 適切な測定方法を使用する
- ルール違反に罰則を設ける
- 報酬体系において人々のやる気を阻害する側面を減らす
- トレーニングを実施する
- クロストレーニングを実施する
- 改善のためにより多くのリソースを投資する
- コアプロセスと目的に焦点を当てる
- リスクを共有する
- 自然で論理的な結果を重視する
- 提携／協力関係を発展させる

5. 製造者側と顧客側の接点を最適化する

- 顧客の声に耳を傾ける
- 製品／サービスを使用するよう顧客を教育する
- 顧客に提供すべき価値に立ち戻る
- 顧客の声を製造側に分析して伝えるコーディネーターを置く
- バランスの取れたサービスレベルをセットし直す
- 顧客によるセルフサービス化を取り入れる
- 検査レベルを最適化する
- サプライヤーと連携する

6. 時間に焦点を当てる

- セットアップまたは起動時間の短縮
- 割引を使用するタイミングの設定
- メンテナンスの最適化
- スペシャリストの時間延長
- 待ち時間の短縮

7. バラツキを最適化する

- 標準化する
- みだりに変更を加えることを止める

- 操作定義を作成する
- 予測を改善する
- 緊急時対応計画を策定する
- 製品をグレードに分類する
- 閾値を調整する
- バラツキを逆利用する

8. ミスを抑える

- リマインダーを使う
- 差別化を活用する
- 制約を活用する
- アフォーダンスデザインを活用する

9. 製品／サービスに焦点を当てる

- マスカスタマイゼーションを行う
- 製品／サービスをいつでも提供可能にする
- 製品／サービスをどこでも提供可能にする
- 無形資産に焦点を当てる
- トレンドを作り出したり、活用したりする
- 部品の数を減らす
- 品質で差別化する

イニシアチブの策定においてブレインストーミングが重要な理由は、人は何を

すべきかを言われるのではなく、自分で解決策を考え出すことを好むからである。そうすることで、行動の変化と新しい仕事の形が定着する可能性が高まる。企業がより早く成果を手にすることが可能になる。人々がイニシアチブの作成に関与している場合、彼らはオーナーシップを感じ、よりコミットして、説明責任を果たすようになる。その結果、彼らの変化に向けた意思決定がより簡単で迅速なものになり、企業としても早く成果を手にできる。

バリュー・ターゲティングと売上

ウォーレン・バフェットは、次のように語っている。「事業を評価する上でもっとも重要な決定力は、価格決定力だ。競合企業に負けずに価格を引き上げる力があれば、優れた事業を行っていると言えるだろう[2]」。この言葉は、ZBxにおいて価格設定の最適化が非常に重要視されていることの理由でもある。ZBxではコストの削減だけではなく、価格設定の見直し機会も抽出していく。

実際に、価格設定の最適化による乗数効果は非常に大きく、多くの企業において1パーセントの価格上昇は営業利益の7〜14パーセントの改善をもたらす[3]。一方で、固定費における同様の改善効果は、その5分の1だ。さらに私たちの経験上、収益の最適化（そこでは価格設定が販売、チャネル、顧客サービスと共に重要な要素となる）は、企業の価値を1〜3パーセント上昇させる（売上高に対する比率として）。

ZBxが価格設定に適用されると、企業の現在の価格設定アプローチと、その価格およびコスト構造に関する深い理解が得られ、価格設定と収益性のベースラインを確立できる。そうしたベースラインを念頭に置き、自社の価格戦略、市場ポジショニング、および業務のパフォーマンスをすべて評価して最適化領域を特定する。そこから、トップラインの成長を促進する持続可能な収益最適化プログラムの基礎となる、製品および顧客ごとのアクションが決定される。

価格戦略と価格決定のオーナーシップを明確に定義することは、最適化への重要なステップだ。それこそ、価格決定と実行の間の責任を連動させる「説明責任マップ」が作成される理由である。セールスチームとコマーシャルチームは、ゼロベースの価格設定と割引のルールに基づいて行動し、市場のダイナミクスにリアルタイムで対応できるようにトレーニングされる必要がある。

バリュー・ターゲティングとコスト

多くの企業にとって他人事にできない「サプライチェーン」を例に、バリュー・ターゲティングがコストに対してどのように機能するかを解説する。メーカーのサプライチェーンコストは、そのバリューチェーン（計画、調達、生産、商品化、輸送）ごとの直接費とトータルでかかる間接費に応じて分解できる。

最初のステップは、輸送レーン、拠点配置、在庫、注文履歴データ等をＢＩ（ビジネスインテリジェンス）プラットフォームにインプットし、ベースとしてのデジタルツインをセットすることだ。これにより、需給予測精度、在庫レベル、リードタイム、サービスレベルをシミュレーションできるようになる。次に業務ＫＰＩ、財務ＫＰＩに対するベンチマークを実施する。

加えて、需要（実績および予測）、供給（ネットワークおよび在庫）、Ｓ＆ＯＰ（製・販・財の意思決定調整）およびサプライチェーンのオペレーションモデル（セグメンテーションアプローチ、コンカレント（同時並列）アプローチ、短サイクルアプローチなど）に対する成熟度評価を実行する。

ＫＰＩとオペレーションモデルから見たベンチマークとのギャップの把握は、セグメンテーションの修正、需要計画とスケジューリングにおける機械学習の活用、供給ネットワーク計画にコンカレント（同時並列）アプローチを取り入れる、および短中期の執行精度を高めるＳ＆ＯＰの判断基準の修正などの打ち手の導出につながる。

このようなスタディを通して得られる成果は、自社のサプライチェーン計画業務の成熟度、それにかけている業務コストとパフォーマンスの評価およびベンチマークとの比較、その上で自社の顧客と業務要件に照らした自動化の可能性である。

次に、調達機能に注目し、内部および外部ベンチマークの結果を解釈するために、バリューエンジニアリング手法を適用する。また、コスト改善の機会を特定するため詳細な真のあるべきコストモデル（Should cost model）と分析も実施する。ギャップの原因を特定するには、地域別、製品カテゴリー別の支出の概要把握も必要不可欠である。そして部材の仕様と在庫管理単位（ＳＫＵ）の関係性をデータでレビューし、さらに各ＳＫＵが持つサプライヤーの構成を解析する。

仕上げとして、異なるカテゴリー同士をまたぐ形で内部ベンチマークを実施し、「第１四分位」あるいは「最高クラス」の調達業務手法の社内展開の機会を把握し、「レベル０[*]」を実現するチャンスがないかを検討し、それらを前提とした真のあるべきコストモデルと会社全体としてのコストモデリングを実施する。

ベンチマークとのギャップは、地域およびサプライヤー間で材料価格を最適化する機会を特定することで埋め得る。その過程では、サプライヤーとの現契約および今後の方針、影響の評価（リスク対便益）、および持続可能性（サステナビリティ）に関する便益の評価を行っていく。

このような調達機能に関するスタディの成果は、コスト構造と要因の明確な理解、最適化機会と実行コストの可視化、部品（または原材料）と製品の価格最適化、サステナビリティに関する施策とその打ち出し方が明確化されることである。

生産コストについては、工場における生産性に関するコストとサービスレベルのドライバーを分析し、自動化の可能性を検討する。ベンチマークとのギャップは、工場間での生産性の比較、総合設備効率（OEE）の評価、生産グループが生産および商品化プロセスの複雑さとコストに与える影響の特定、効率と価値の変動要因の特定（これはグローバルなトップ

（＊）要するに、レベル0アプローチは前向きのベンチマークだ。企業がいま何をしているのかを測定するのではなく、コスト構造を劇的にシフトするために、新しいデジタル技術をどのように適用できるかを測定する（詳細は第3章を参照）。

パフォーマーを分析することにより得られる）によって解釈される。

このギャップを解消するためにはコストとサービスレベル間のベストシナリオを特定するWhat-If（仮説）モデルを作成することが必要だ。What-Ifモデルの中では、プロセス合理化機会（バッチサイズ、組織サイズ、生産計画、スケジューリング等の最適化）をシナリオ化し、シミュレートし、装置の予知保全を用いたダウンタイムの最小化も取り入れていく。最後に、パフォーマンスを向上させるための追加の自動化およびデジタル化イニシアチブが特定される。

これらのスタディの結果、工場のコストと生産性のヒートマップ、工場全体のスループット評価、コストとサービスレベルの間の関係について事実に基づいた決定を行うためのWhat-Ifモデル、自動化とデジタル化を含む総合設備効率改善イニシアチブが得られる。

商品化コストにおいてはバリューエンジニアリングが重要だ。ビジビリティフェーズにおいて、コストカテゴリー、製品カテゴリー、そして地域軸などの観点で優先順位を設定し、ベンチマークとのギャップを明らかにしていく。具体的には、S-BOM（Sales-BOM）に設定される商品ＳＫＵ別に仕様およびサプライヤー構成を理解する。

次に真のあるべきコストモデルを作成し、市場、消費者、競争力の観点からあるべき商品ポートフォリオを再考することで、コスト削減の幅を見つける。また、クライアントのニーズと競合企業の商品仕様を比較する。そして大規模なコストモデリングを実施し、「レベル0」でコスト削減の可能性を把握する。

ベンチマークとのギャップは、製品仕様の最適化、部品の標準化、軽量化、部品・機能の廃止、材料の代替化によって埋められる。顧客体験の向上に直結する商品仕様は何なのかに関する知見が蓄積される。

たとえば先進的アナリティクス手法を使って顧客体験の向上とコストの比較に基づいて自社のポジショニングを分析することができる。これをクロスファンクショナルチーム（マーケティング・オペレーション・サプライチェーン）で評価・討議し、施策の定量評価、サステナビリティに資するメリットを分析した上で、顧客を巻き込んだトライアルを実施していく。

このようなスタディの成果は、商品属性に対する消費者要求の理解、施策ごとのエンドツーエンドの実行コストの可視化、ビジネスケースと機会ごとのボトムアップ分析、実装のための段階的ロードマップ、商品仕様の最適化、そしてサステナビリティに資するメリットの特定が可能となる。

ZBxは、人々がこれまでと異なる視点で物事を捉え、課題解決に積極的に取り組む風土を創り出す。

――ある多国籍小売業者

ロジスティクスに関するバリュー・ターゲティングは、内部および外部のベストプラクティスとトレンドを取り入れた真のあるべきコストとシナリオのモデル化に基づいて行われる。ベンチマークとのギャップはサプライヤー、輸送モード、地域ごとの詳細な支出の可視化、倉庫レートカードと生産性の分析、契約とパフォーマンス管理の分析、および詳細なベンチマーク分析によって解釈される。

ベンチマークとのギャップは、提供コストとネットワーク・モデリングを含むWhat-Ifシナリオのモデル化、ビジネスやブランド主導の制約を考慮した詳細な提供コストの最適化、自動化、倉庫のロボット化ソリューションなど運用上のイノベーションに向けた投資によって埋められる。こうしたスタディにより、ロジスティクスのパフォーマンス、真のあるべきコストのモデル化、What-Ifシナリオのモデル化ができる。図表7－3は、What-Ifシナリオの一部を示している。

最後に、サプライチェーンまたは組織全体の間接費がある。間接費に関する取り組みは、適切な作業、適切な規模、適切な構造、適切な人材、適切な測定という「5つの適切」を守りつつ、付加価値活動に焦点を当てるべきだ。

●適切な作業

今日の作業やルーチンが、明日も適切なものとは限らない。適切な作業を設定するとは、排除すべき作業（価値のある結果に貢献していないもの）を排除し、差別化できる作業（これはより多くの投資を必要とするかもしれない）にこそ集中することを意味する。

●適切な規模

企業においては、あるシステムに流し込む作業量を適切にマネージする必要がある。その際には、前後の処理をどのくらい自動化できるか、ＳＬＡ（サービス水準合意）もしくは会社のポリシーを変えることで、どのくらい最大ピークを平準化できるか。その結果、そのシステムが備えるキャパシティはどのくらいリサイズ可能か（必要キャパシティに応じた縮小）が明らかになる。

●適切な構造

組織の構造を再検討する必要がある。これは特定の作業を実行するために必要なリーダーシップ、組織階層、および管轄範囲を定義する。重要なのは、組織構造は適切な作業と適切な規模を把握した上で検討する必要があるという点だ。

図表7-3　What-Ifシナリオの一部

要素	主な変動要因	コスト削減の機会の仮説
正味価格	**マイル単位**	
	レート交渉	半年ごとの運賃入札に加えて、輸配送管理システム（TMS）を使い、低いレートが適用される可能性や新たな入札を実施する可能性を常にチェックする
	モード最適化	インバウンド/アウトバウンド双方の輸送、および輸送の統合について、包括的なマルチモーダル最適化に関するビジビリティを得る
	専用フリート	追加で行われる高頻度輸送を、混載ではなく専用フリートで行い、コスト削減の機会を得る
	他のコスト	
	SLA/契約ポリシー	物流会社のパフォーマンスを管理するポリシー（定刻到着、待ち時間、フリートの特徴等に関して）を作成し、リアルタイムのビジビリティと共に運用する
	支払い条件	物流会社と交渉し、契約で合意された支払い日を守って信頼を得ることで、支払いタイミングに基づいた割引を得る
	顧客セグメンテーション	顧客により良いサービスを提供するために、彼らの輸送に関するニーズ（定刻到着、料率、スケジュール等）に基づいてセグメントに分ける
	内部作業	
	スケジューリング カスタマーサービス	・物流会社のスケジューリングと運用に関するベストプラクティスを定義する ・コストと求めるサービスのバランスを取るために、組織構造と人材モデルを定義する ・スケジューリングの改善と計画の順守により、内部作業を削減する
	契約管理	利用している物流会社を管理するために、契約を調整して、彼らのパフォーマンスを把握し、目標とのギャップに対応する
	収益認識	
	運賃吸収	物流コストの回収を可能にするために、顧客の輸送ポリシーをセグメント分けし、実際の物流コスト回収を忠実に行う

図表7-3　（続き）

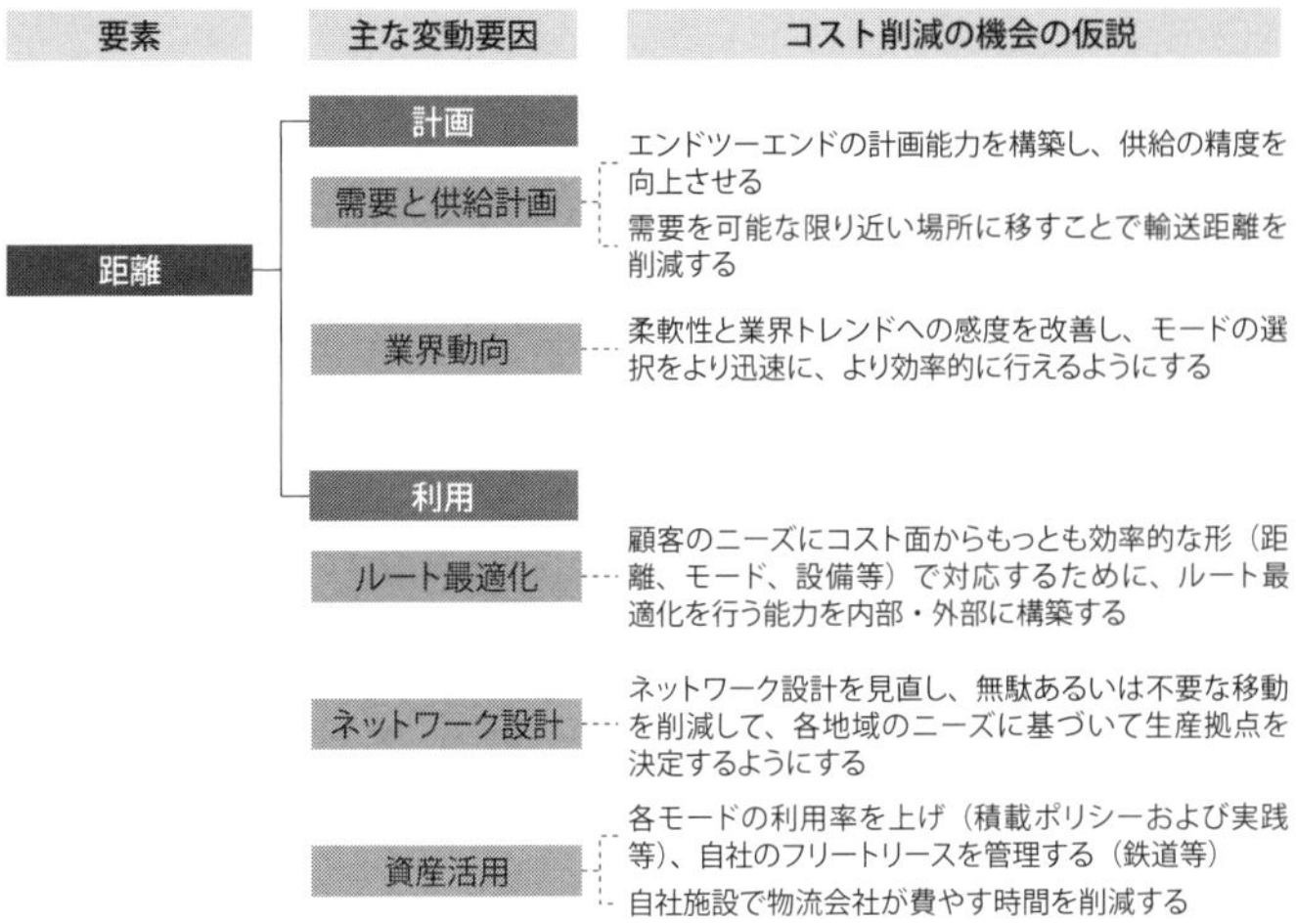

●適切な人材

この要素は適切な作業と関連している。今日の人材が、明日も適切なものとは限らない。企業はスキルセットの変更を検討すべきであり、新しいスキルを社内で構築すべきか、外部から調達すべきか、そしてそのコストはどのくらいになるかを検討する。

●適切な測定

企業はZBxによって定義された新たな成功の姿と照らし合わせて、自らを評価する。

これらの最適化余地は、現在の社員数と労働生産性のベンチマーキング、そして「作業がどのように行われているか」を表す実用的なエンドツーエンドのモデルを作成する「プライムバリューチェーン」という確立された調査手法によって把握される。

これに続いて、さらなるコスト削減の可能性を引き出すためのイニシアチブのリストを定義する大規模なアイデアワークショップが行われる。

そして最適化余地は、付加価値活動を機能別および地域別に仕分ける（「どこにより投資すべきか」および「どこは削減すべきか」について）ことで方針が決められる。これには業務のボトルネック解消、業務同士の重複や不整合の排除、業務を集中化した上での低賃金地域の活用、業務の自動化とデジタル化、サイロの解消と業務の合理化のためのオペレーティングモデルの転換が含まれる。

説明責任を確立する

バリュー・ターゲティングは、ZBx内の他のステップと同様、日常的に見直される作業となり、継続的に実行されてコストと収益の改善をもたらすようになる。ビジビリティされ、ターゲットが設定されたら、次にマスターすべきステップはカテゴリー・オーナーシップだ。

ゼロベースのアプローチは、カテゴリーとエンティティのオーナーの間に「健全な緊張関係」を作り出すことによって、バリュー・ターゲティングのステップで決定された成果に対する、これまでにないレベルの説明責任を確立する。この緊張関係は、設定された経営視点での数値目標を実現する可能性を高め、施策を前進させる。次の章では、カテゴリー・オーナーシップについて詳しく解説する。

[注]

（1）Provost and Langley（1998）.
（2）Frye and Campbell（2011）.
（3）Honts, Levesque and Salvador（2018）.

第8章

カテゴリー・オーナーシップ——もっとも暗い場所に光を当てる

「ZBxクローズド・ループ」を構成する6つの要素

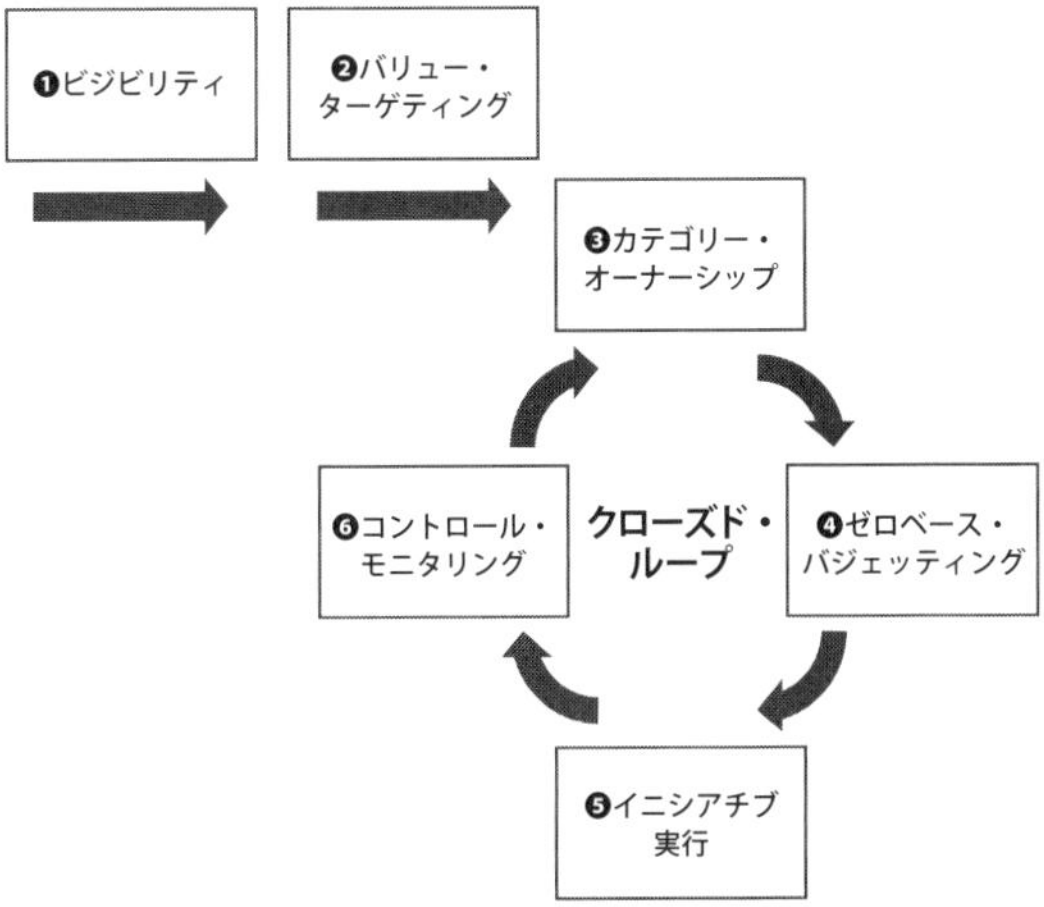

目の前に暗い曲がり角があり、そこに何があるか見えない中で、道路を横断したことがあるだろうか？　何か問題が起きるのは、誰も見ることができない場所だ。もし街灯が道路を照らして、前方を完全に明るくしたらどうなるか？

ＺＢｘは会社を照らすライトであり、あらゆる種類の支出を明確にし、隅々まで調べ尽くして「闇の中」に残る見ることのできない場所をなくす。カテゴリー・オーナーシップは、そのライトのスイッチと、ライトが照らす方向をコントロールするものである。

カテゴリー・オーナーシップは、エンティティ・オーナーとコストカテゴリー・オーナーの間で責任を共有するガバナンスモデルだ（123ページの図表8−1を参照）。この組み合わせにより、すべてのリソース配分をめぐる意思決定について、2つの観点が生まれる。そして同時に、それはＺＢｘを推進するエンジンとなり、継続的に改善し、機能させる健全な緊張関係を生み出す。

実践的なカテゴリー・オーナーの資質を持つ人とは、「別の角度から物事を考えてみたい」という好奇心を持ち、ビジネスの状況を柔軟に見られる人のことだ。彼らはあえてリスクを取るように動機づけられなければならない。組織内では、カテゴリー・オーナーが意思決定できるように、マクロとミクロ両方のレベルでリスクに対する寛容さが必要だ。

カテゴリー・オーナーシップは優れた管理手法だが、それほど多くの企業がフルに活用できているわけではない。というのは財務部門が従来請け負っている役割・権限の一部をカテゴリー・オーナーに奪われると感じるケースもあるからだ。

しかし、実際には、カテゴリー・オーナーシップの導入によって、財務部門は単なる財務管理を超えた新たな戦略的役割を担えることになる。カテゴリー管理を通じて彼らは「数字の人」ではなく、ほかの社員たちのコーチとなるのだ。

次に、カテゴリー・オーナーシップの3つの柱について解説しよう。

エンティティとエンティティ・オーナー

前章までに述べたようにエンティティは、予算が作成・監視される最小レベルの単位となる。それぞれのエンティティにはマネジャーが設置され、エンティティ内のすべての活動と人員の優先順位を設定し、予算を準備する権限が与えられなければならない。そして収益（価格の変更、ＳＫＵの削減または増加等）と支出（購入の中止、人員の削減等）をコントロールすることで、相応の責任を果たす必要がある。

各エンティティのマネジャーをエンティティ・オーナーと呼び、彼らは自身の損益を管理するほかに、次の仕事も担当する。

●**年次対応**：エンティティ内のすべての収益と費用について責任を持ち、エンティティの支出要件を把握する。予算を準備して支出を行う一方で、確立された基準、ルール、ガイドラインを理解し、それに従う。

●**月次対応**：エンティティの支出を理解および監視し、予実差異を詳細レベルで把握して、翌月の目標を達成するための修正アクションプランを策定・実行する。

●**日次対応**：エンティティ内においてさまざまな基準やガイドラインに対するコンプライアンスを促進し、予算外の支出を承認または拒否して新しいコスト削減方法を探す。

企業によってはエンティティレベルからその下へ下へと予算をとにかく細分化しようとする慣習がある。ZBxにおいて、こうした過度な細分化は本質的でなく、推奨されない。というのは、予算策定の際、エンティティとコストカテゴリーのオーナーの間で余計な時間がかかる上に、運用に入ると毎週・毎月行われるチェックの際に、細分化されたことによって予算と実績の照らし合わせが発生し、会社内のすべての人々に余分な時間と労力を強

図表8-1　カテゴリー・オーナーシップのモデル

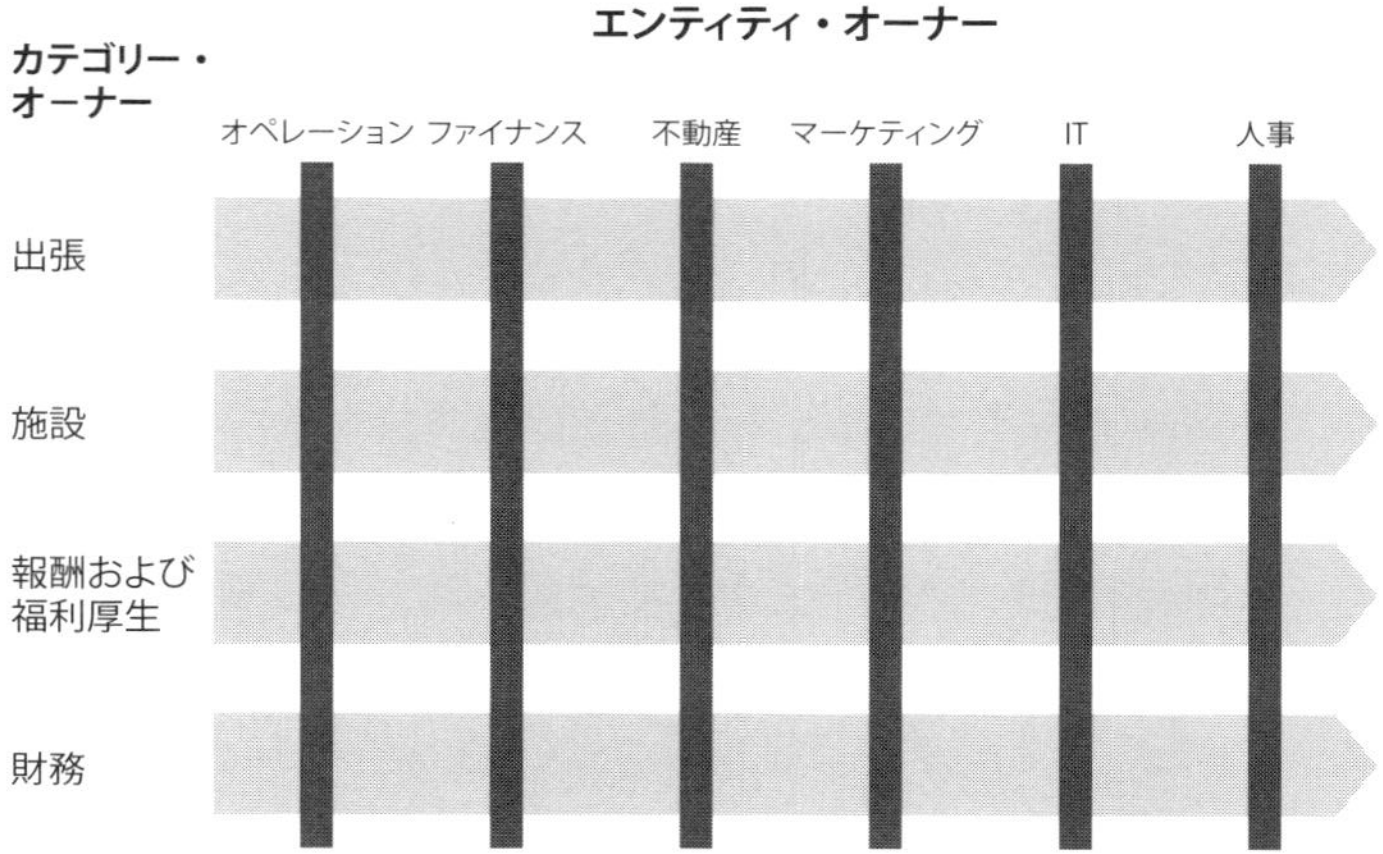

エンティティ・オーナー
（予算オーナー）

- 予算編成と、彼らのコストセンターの予算管理に責任を負う
- ガイドラインとポリシーを使用し、コストカテゴリーのオーナーたちと協力して、彼らの予算を準備する
- 各コストカテゴリーのオーナーと交渉し、予算を承認する

カテゴリー・オーナー

- コストの促進要因（価格と消費）について深く理解する
- コストカテゴリーとサブカテゴリーのポリシーに対するコンプライアンスを確立し、維持する
- 特定のカテゴリーのすべての部門に対して、予算の内容を精査する
- ベストプラクティスを把握し、普及させる
- チャンスを把握し、アクションプランを承認する
- コストカテゴリーの予算を承認する
- コストカテゴリーの支出をチェックし、管理する（予実を対比する）

プロフィール

- 上級役員
- 会社に関する深い知識を持つ
- 模範を示して組織を率いる

いることになるからだ。

複数の部・課で支出が誤って記録された場合、訂正の回数と関連するコストは急速に増大する。コスト管理においては、不必要に細かいデータが少ないほど、実際には使えるデータになる。

コストカテゴリー

コストカテゴリーは、総勘定元帳内で類似した性質やテーマを持つ、組織にとって重要な意味を持つサイズの勘定科目の集合体であり、通常は（必ずしもそうであるとは限らない）複数のエンティティに共通している。それは組織内の支出について極めて詳細かつ標準化されたビジビリティを実現し、リソースが使用される際の説明と管理を行うために使用される。

各カテゴリーは、カテゴリー・オーナーとして行動する上級役員に割り当てられる。そうした上級役員は、組織内でＺＢｘの監督者としての役割を果たす。彼らは経営層からは必ずしも喜ばれるとは限らないガイドライン（社用車など会社が提供する非公式な特典へのアクセスを制限するため）を作り、擁護する。カテゴリー・オーナーは、通常の仕事に加えて、次のような新しい責任を負うことになる。

- **年次**：各カテゴリーの支出の性質を理解し、カテゴリー基準と予算ガイドラインを新たに定義または更新する。予算目標の設定から主要なポリシーの順守の徹底までの一連をリードする。
- **月次**：予算と実績を対比してレビューし、エンティティ・オーナーと協力して差異の要因を理解する。これには予算超過を減らすための是正措置の実施や、ベストプラクティスの共有などが含まれる。
- **日次**：予算化されたリソースが使用された際に、承認された基準、ルール、ガイドラインが順守されているかを監視する。カテゴリー内の発注をレビューおよび承認し、予算外の費用の処理方法に関する質問に答える。

本章の冒頭で述べたように、カテゴリー・オーナーは柔軟性を持つことに加えて、自分が担当している領域内での支出について深く理解する必要があり、またコンプライアンスを守り、現状に挑戦し、変革を推進できるだけの自信を持っていなければならない。
カテゴリー・オーナーが必要だと判断した場合には、数値の計算や現場の確認といったＺＢｘプロセスの特定の段階において、カテゴリー・マネジャーからの支援を受けることができる。カテゴリー・マネジャーは、当該カテゴリーにマッピングされている科目に関する知識を持ち、カテゴリー・オーナーと良好な関係を築く必要がある。

　ＺＢｘの成功にはカテゴリー・オーナーとマネジャーが不可欠であるため、改革への意志とスキルの適切な組み合わせがもっとも重要だ。したがって彼らは、組織内でもっとも優秀で、献身的な人々の中から選ばれなければならない。

　カテゴリー・マネジャーは、通常業務においてカテゴリー・オーナーに正式に報告したり、カテゴリー内の主要な購買決定に責任を持ったりしてはならない。たとえばＩＴ支出の場合、カテゴリー・オーナーがＣＩＯであれば、ユーザーの観点から決定に異議を唱えることのできる、財務または業務部門の担当者がマネジャーになる可能性がある。

　一方、カテゴリー・オーナーがＣＦＯまたは業務部門関係者の場合、マネジャーはユーザーの視点を補完するために、専門知識を持つＩＴ部門の人間でなければならない。言い換えれば、組織内の同じ機能からオーナーとマネジャーを出すと、本来必要な緊張関係やチャレンジが行われなくなってしまう。

カテゴリー・オーナーとカテゴリー・マネジャーは、標準的な仕様からベストプラクティスに至るまで、すべてを「カテゴリー定義書」に記録して管理する。カテゴリー定義書には、次の情報が記載されている必要がある。

- 企業のコスト構造の一貫したマッピングを可能にする、各科目の詳細で標準的な定義。
- 各支出において何が、誰によって、どのように予算化されるのかに関する指針（当該支出のベンチマークおよび予算ガイドラインのレベルを含む）。
- 予算化された支出が誰によって、どのように使われるか。

カテゴリー定義書は、エンティティ・オーナー、カテゴリー・オーナー、そしてZBxプロセスに関わるすべての個人によって、彼らが自身の予算を確保する際、もしくは総勘定元帳に支出を転記する方法について疑問がある際に読まれなければならない。

ある状況下では、カテゴリー・オーナーシップには付加的にバリエーションが出てくる。複数地域・国に分散されていたり、多様な部門を抱えていたりする組織では、次のような異なる種類のカテゴリー・オーナー・システムが適用される場合がある。

●**2層システム**：このシステムでは、グローバルカテゴリーのオーナーがグローバルガイドラインを定義し、部門または地域単位のカテゴリー・オーナーが実行する作業を監督する。

●**代表者システム**：多数のエンティティが存在する場合、カテゴリーの代表者がエンティティのグループとカテゴリー・オーナーの間の仲介者（スパン・ブレーカー）として機能し、カテゴリー・オーナーとエンティティ・オーナーの間のコミュニケーションコストを減らす一方で、それをより効果的なものとする。

●**スポンサーシステム**：カテゴリー・スポンサー（CxOレベルの経営者）を設置し、コンプライアンスを強化する。彼らはチームを選択し（カテゴリー・オーナーを含む）、トーンと目標のレベルを設定し、CxOに代わって厳しい決定を下す。

●**共同オーナーシップシステム**：調達カテゴリーにおいて、カテゴリー・オーナーを支援するように共同オーナーが設置される。このアプローチでは、調達カテゴリーとコストカテゴリーの整合が求められる。

マトリックス・ガバナンス・モデル

カテゴリー・オーナーシップ・モデルが持つマトリックスの性質は、次の3つの原則によって、ガバナンスの「抑制と均衡」の原動力を後押しする。

- **共同責任**：予算はエンティティ・オーナーとコストカテゴリー・オーナーの2人が同時に説明責任を負うように準備され、チェックされる。
- **カテゴリーごとの予算ガイドライン順守**：コストカテゴリーとして、エンティティ横断で決めたルールと事業部としてのルールでは、常にコストカテゴリーとしてのルールが強いものとされ、事業はこれに従う必要がある。例外についてはすべて予算ガイドラインの公表前に議論され、合意されなければならない。
- **予算リングフェンス**：エンティティの中で、異なるカテゴリー間での予算の移動による帳尻合わせは行わせない。また、コストカテゴリー間での支出の付け替えも行わせない。

マトリックス予算モデルは、カテゴリーおよびエンティティ・オーナーの間に健全な緊張関係を作り出し、予算目標に対するチームワークを促進する。[1] このマトリックス・モデルではコストカテゴリーとエンティティのオーナーが責任を共有し、それぞれの交差地点に対して説明責任を負うため、リソースの使用に関する議論を促す。また予算のビジビリティの向上、支出チェックの改善、コスト削減の最大化といった、支出の二重チェックも行われる。

予算が承認されると、カテゴリー間のリングフェンスが確定発効され、カテゴリー間での予算移動および支出の付け替えは行われない。承認前に、エンティティ・オーナーはカテゴリー・オーナーと目標について話し合い、必要な経費項目とカテゴリー間のトレードオフを行うことができる。たとえば、彼らはリサイクル可能な箇所を探してメンテナンスに使用する材料のコストを削減するために、社員のトレーニングに支出することを決定できる。その後、すべての「パイプ」が遮断されるのである。

インセンティブ

さまざまな取り組みを奨励し、それを周知し、主要な関係者がＺＢｘに従うようにするには、適切なインセンティブが必要だ。しかし、その動機は人によって異なる。特別な成果に報いるための昇進やボーナスのような、より公式で具体的なインセンティブに反応する人もいれば、権限の拡大やプロジェクトのオーナーであるという感覚、あるいはその成功の公表のような、より本質的で非公式のインセンティブに反応する人もいる。

　カテゴリー・オーナーとマネジャーに対するボーナスが提供される際の条件は、彼らがゼロベースのアプローチを導入する際に、結果ではなくそれを作り上げるためのプロセス・ルール作り・予算策定により注力していることを反映するために、エンティティ・オーナーに対するそれとは異なるものであるべきだ。

　カテゴリー・オーナーとマネジャーは、目標設定と予算編成の段階でもっとも価値を生み出す。したがってＺＢｘに関するボーナスのおよそ70パーセントは、経営陣によるカテゴリー予算の承認に、残りの30パーセントは、承認された予算が年度末にどのくらい守られていたかにリンクさせるべきだ。

　一方でエンティティ・オーナーの主な責任は、リソースを管理して承認された予算の範囲内に抑えることであるため、それが年度末にどのくらい守られていたかに１００パーセント、リンクさせるべきである。

　ＺＢｘは財務部門の仕事を増やし、さらに一般的には、運用に入ってしまえば、黒子役に徹し続けることになるため、彼らのために1度限りのボーナスを提供する企業もある。また社内報でチームを称賛したり、彼らのキャリア形成により手厚く投資したり、必要に応じてリーダーシップを発揮する機会を提供したりするなど、より「ソフトな」モチベーションを活用する企業もある。

運用を開始する

ここまでのＺＢx導入の取り組みによって、ベースラインと経営目線で達成したい目標数値が設定されているだろう。必要な組織も準備万端だ。いよいよターゲットを予算に組み込んで、運用を開始するときだ。次章でその解説をしよう。

[注]

（1）Timmermans（2015a）.

第9章

削減活動目標を予算と紐づける——コミットメントの具現化

「ZBxクローズド・ループ」を構成する6つの要素

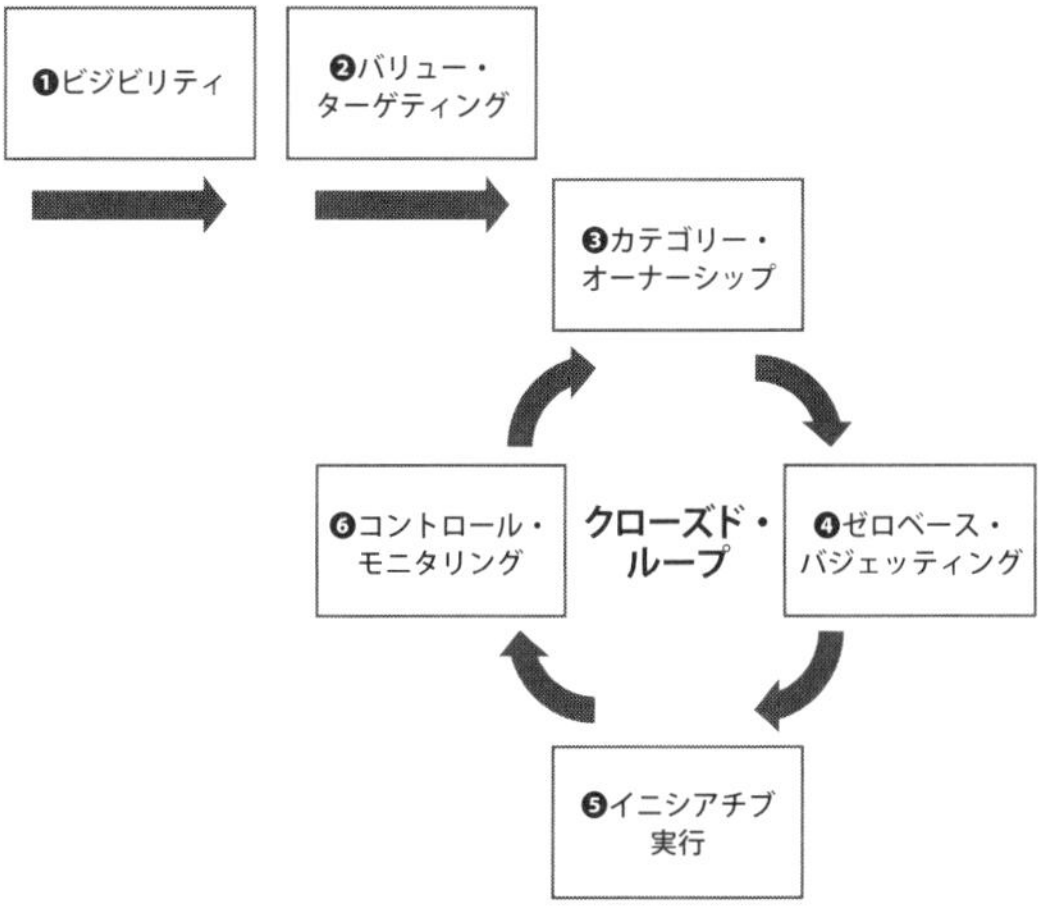

ゼロベースのアプローチが導入された企業では、予算は単なる数字ではない。それは「約束」である。予算は次の四半期レビューまでの間は日常から忘れ去られるような代物ではもはやない。ZBxによって人々は目標にコミットし、細かく紐づけられて、何度も繰り返し予算を参照するようになる。

これによって、予算管理というものは目標達成の進捗に合わせて少しずつ、改定しながら進める性質のものに変化し、組織全体が同じ方向を目指し、組織の戦略目標を達成するようゼロベースのアプローチを前進させるメカニズムが作り出される。それは次の要素によって構成される。

●**計画策定**：業務予算は、戦略を実行するための計画であり、経営陣がどのような目標を、どのように達成することを望んでいるかに関する詳細を解説する。

●**動機付け**：経営陣は業務予算を使って、あらかじめ定められた行動計画に社員をコミットさせることで、社員が組織の全体的な目標を達成するように動機づけることができる。

●**評価**：業務予算のデータは、マネジャーもしくは部門の実績を比較するための基準となる。

●**調整**：業務予算は、財務予算と組み合わせて全体的な「マスター予算」とすることで、統合されたアクションプランを提供し、活動の調整に役立てることができる。

●**オーナーシップ**：予算を適切に準備するために、組織のあらゆるレベルのマネジャーは、自分たちの事業部門がどのように機能しているかを体系的かつ厳密に調べ、自部門におけるコストと収益の動きを把握しなければならない。

ZBxの予算は事実上、トップダウンの目標設定とボトムアップの戦術的イニシアチブを結びつけ、組織全体に包括的なオーナーシップの文化を生み出す。また、ほかにも次のような機能を持つ。

●**透明性**：主要な予算の前提条件と、支出がどこに計上されているかについて、これまでにないレベルで支出のビジビリティを実現する。

●**標準化**：組織内の予算編成プロセスと基準の一貫性を促進する。

●**説明責任**：予算の共同オーナーシップを生み出し、エンティティ・オーナーが企業のオーナーのように振る舞うことを促す。そして会社のお金を自分たちのお金と同じものとして扱うよう皆に奨励する。

●**効率性**：過去の実績に基づいて考えるよりも、支出の「必要性」に焦点を当てる。

ZBxの核となるのはアジリティだ――そして企業の競争力を高めるために、よりコスト効率の高い方法で企業を運営すべきだ。企業は中核となる戦略目標に集中する必要がある。目標に対して役に立っていない資金（価値に直結しないコスト）を、成長を促進する活動（価値に直結するコスト）に振り分け直さねばならない（図表9―1）。

したがって、価値に直結していないコストの予算はゼロから再検討されるべきだ（理論的には、こうした価値に直結していないコストはゼロにされるべきだが、規制やリスク管理などの理由から、実際にはそうすべきではないものもある）。

図表9-1　価値に直結しないコスト（必要悪）から、
価値に直結するコスト（必要善）へ

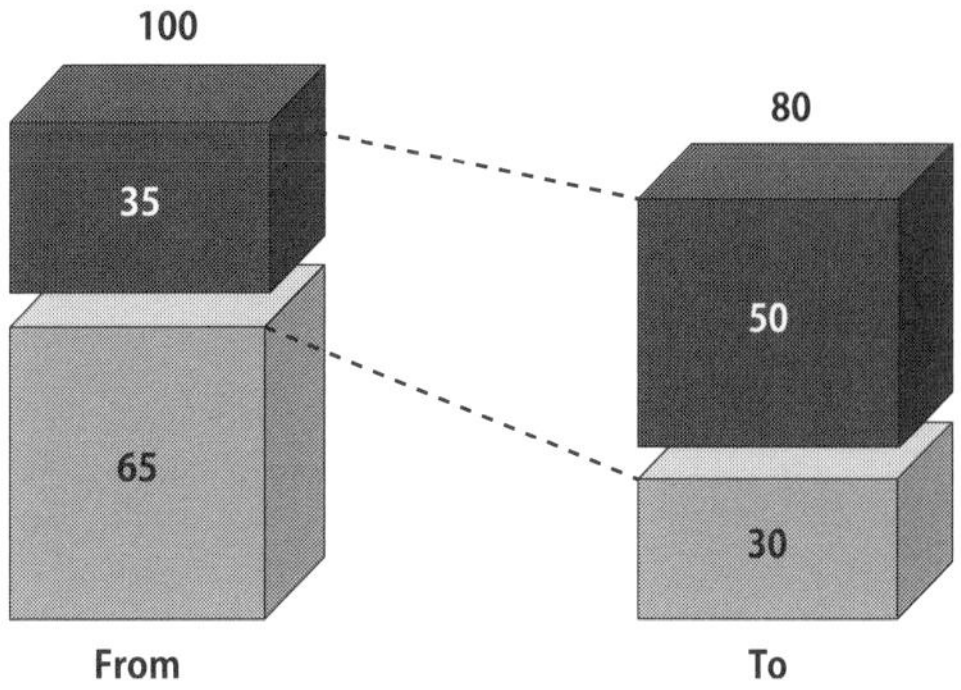

その一方で、価値に直結しているコストは、成果とＲＯＩを考慮して予算化される。

続いて、顧客の需要を創出するための投資である、コマーシャル支出について見てみる。これには販売、マーケティング、サービス、取引および販売促進のための投資が含まれる。

投資に対するリターンを最大化するためには、ポートフォリオの投資配分分析が必要となる。この分析は、支出の増加分がどのくらいのリターンを生むかを推定する。

最適な組み合わせを実現するため、ポートフォリオ内のブランドまたは製品ごとに、支出の増加前のＲＯＩと増加後のＲＯＩを明らかにする。その後で、ＲＯＩの結果が製品のライフステージに応じて評価される。新しく発売される製品は一般的に、既存の製品とは異なるマーケティングミックスとＲＯＩプロファイルを持つため、長期的な視点でリターンを整理・定量化する必要がある。

ここまで行った上で、ＲＯＩと市場の魅力度を持って、投資のポートフォリオを決定していく。製品カテゴリーのリスク要因（規模、成長、競合状況）は、戦略的な投資プロファイルを作成するために、ＲＯＩに関連して評価される。

価値に直結しているコストとしていないコストの間で適切な解を探すために、ボトムアップのアプローチが従来型のトップダウンの予算編成と組み合わされ、統合される。

●ボトムアップ予算策定（ＺＢＯの場合は作業当たりＦＴＥ×人件費。ＺＢＳ、ＺＢＳＣおよびＺＢＣの場合は単価×売上対コストの区切りごとに認識された数量）：バリュー・ターゲティングの結果、優先カテゴリーとなったスコープについては、ボトムアップのゼロベース予算が次のように設定される。

＊旅費（旅行回数×平均料金ｚ×旅行者数）などの事前定義されたドライバー（Ｐ×Ｑ）・ベースから算出・設定する方法。

＊コンサルティング（サービスのタイプ、ベンダー、プロジェクト／イニシアチブ、場所等）など、予算の構成要素を詳細に記述する設定方法。

＊オフィス用品（300ドル／月等）のように、明細を必要としない場合の総支出（総額）で設定する方法。

●**トップダウン予算編成（ベースライン＋インフレー生産性）**：その他のカテゴリーでは、トップダウンの目標値がエンティティ・オーナーに段階的に割り振られる。生産性向上によるコスト削減については、目標設定ステップの結果を通じて設定される。

そして次の6つの促進要因によって、標準化とZBx手法の順守が促される。

●**カテゴリー定義書**：適切なスコープの推進に役立つ包括的な収益／支出ガイド。

●**ポリシー、基準、ガイドライン**：持続可能なコスト削減を検討し続ける文化を支える、「賢い」支出のためのポリシー、基準、ガイドライン。

●**予算編成ガイドライン**：為替、金利、GDP成長率など予算編成において経営陣を支援するための詳細なガイドライン。

●**マスターデータ**：次に説明する「予算編成ツール」で使用されるマスターデータ（調達マスターデータ、コストセンター等）。

●**ターゲット**：予算編成作業において意識されるべき目安。

●**予算編成ツール**：予算編成プロセスを容易にするためにカスタマイズされたツールとテンプレート。

予算編成プロセスは、シミュレーション、あるべき予算案策定、レビュー、交渉、結果測定の5つのフェーズで構成される。

予算シミュレーション

専任のチームが、承認されたガイドラインと各エンティティ（販売、生産、人員等）からの情報を使用して、次の期間の予算をシミュレートし、推奨予算とそれに対応するコスト削減額を見積もる。

こうすることで、予算編成プロセスの時間枠が短縮されるだけでなく、エンティティ・オーナーに次のように予算の推奨を提示することで、初期の導入成功確率を高められる。

- **組織に適した詳細レベルに合わせて準備された推奨予算**：これによりエンティティ・オーナーは、会社が設定したターゲットを、自分のエンティティに落とし込む／ドリルダウンする必要がなくなる。
- **エンティティとコストカテゴリーの各交差地点に対して定義されたガイドラインを組み込んだ推奨予算**：これによりエンティティ・オーナーは、割り当てられたガイドラインの背後にある理論的根拠を理解し、例外について議論するだけで済む。
- **カテゴリー・オーナーと役員会によって事前に承認された推奨予算**：これによりエンティティ・オーナーにとっては、例外承認を得る必要案件がなければ自分で煩わしい予算折衝ラウンドを行う必要が省ける。

来期予算のシミュレーションには、さまざまなデジタルツールやモデリング手法が使用できる。ベンチマークとガイドラインが定義されている場合、パラメトリック・モデリングが実施される。このアプローチでは、効率化ガイドラインを数式モデルとして組み上げて、予算とそれに対応するコスト削減を予測する。

モデルには単純なもの（携帯電話1台当たり、社員1人当たり、あるいはオフィス面積1平方フィート当たりの費用など、単一の指標を用いて一定のコストを見積もることができる）と、複雑なもの（販売やマーケティングなど、複数の調整要素を使用する）が存在する。パラメトリック・モデリングのコストと精度は、状況に応じて大きく変動する。

ほとんどのパラメトリック・モデリング予測には、次の2種類のコスト計算がある。

● **中央からの配賦**：この方法は、コストドライバーである数量に対して累進的に関係している場合によく使用される。仮にひとつのエンティティが数名の社員を追加しても、新しいスペースをレンタルする必要はない。しかし、すべてのエンティティが人員を増やした場合、オフィススペースを広げるかどうかという予算上の判断を中央で行わなければならない。そうしたスペースの賃貸料が、社員数に基づいて異なるエンティティに割り振られる場合、個々のエンティティ・オーナーが賃貸料の予算を立てる必要はなくなる。予算全体における賃貸料は、通常は合意された契約に基づいて一元的に計上し、予算に計上された人数に基づいて個々の割り当てを計算する必要がある。

- **数量×料金**：これはドライバーのボリュームに対して、コストが線形で増加する場合に使用する方法だ。たとえば、社員が数名追加された場合、参加人数に比例して電話料金が増えるだろう。エンティティ・オーナーは電話料金の予算を立てず、社員1人当たりの電話料金は、以前に予算計上された人数に適用される。このレートは定義されたガイドラインとなり、エンティティ・オーナーは後の段階で編集する権限を与えられる。

ボトムアップ予測は、コストドライバーで方程式分解することができない種類のコストに適用され、通常はゼロベースで見積もりを行う。この手法では、個々の活動またはビジネスケースのコストを見積もり、それから個々の見積もりを積み重ねて、エンティティでの合計を算出する。

ボトムアップ予測のコストと精度は、個々の活動またはビジネスケースの規模と複雑さによって左右される。小さいコスト費目ほど、ボトムアップ見積もりを行えば精度は高まるが、その一方で精度の高まりと、そのためにかけた労力のコストの関係では効率が悪くなる。したがって、専門チームが、見積もり精度を上げるためにどれだけ追加コストを払ってやるべきかは適宜判断する必要がある。

こうした予測を支援するために、予算シミュレーション（Anaplan、IBM Cognos、Oracle Hyperionなど）のようなデジタルツールや、コンサルティング会社が独自に開発したシステム（アクセンチュアのAuroraなど）も広く使われている。これらの製品は、前述のツールの利用を単純化し、代替策の迅速な検討を容易にする。

どのツールを選択しても、予測に関する詳細な前提説明情報は、予算交渉のフェーズで価値を生む可能性があるため、常に文書化しておく必要がある（大ざっぱなものであったとしても）。

あるべき予算案策定

シミュレーションが終わったら、予算案とその土台となる前提は、カテゴリー・オーナーによって役員会に提出され、エンティティ・オーナーに伝達される前に承認されなければならない。このステップは、シミュレーション結果への賛同を役員会から得てそれを固定し、予算編成プロセスの残りの期間を通じて、役員会がこの数字を擁護し、順守するよう促すために必要となる。

予算のレビュー

エンティティ・オーナーは、推奨された予算案を徹底的に検討することで、それを理解して例外を指摘することができる。例外とは、目標の相違、目標を達成するまでのペースの相違、キャッシュフローの相違などだ。

ゼロベースの予算編成は参加型のプロセスであり、エンティティ・オーナーが関連するチームやカテゴリー・オーナーと議論すればするほど、自分の予算に対する理解と支持が深まる。

この時点においてエンティティ・オーナーたちは、勘定科目やそこに含まれる費用ごとに個別の予算編成計算をしたくなるはずだ。たとえば社員の人件費では、カテゴリー・オーナーは給与テーブルを決められた形で適用する責任がある。

一方でエンティティ・オーナーは、現在の社員と新しい社員の間で異なる導入タイミングや変更幅を細かく意思決定する必要が生じる。

既存の社員の場合は、年俸やその他の属性をまとめたリストを、総勘定元帳または人事システムからダウンロードできる。そして次のような質問に回答する。

- いつ昇給するか？
- 昇給額はどの程度か？
- 彼らの福利厚生はいつ、どのくらい変化するか？[1]

一方で新しい社員については、次のような質問に回答する必要がある。

- 何月に入社するのか？
- 年収はいくらか？
- どのような福利厚生を得るか？[2]

同じような対応がほかの科目でも行われる。必ずではないが、ほとんどの場合、購入価格と支払い条件は調達部門とカテゴリー・オーナーによって一元的に定義され、エンティティ・オーナーが購入量（または消費金額）と導入開始期間を決定する。

予算交渉

すべてのエンティティがレビューを行い、それが済んだ予算案を提示した後で、エンティティ・オーナーのレビュー前後の予算差異を把握し、内容を理解しなければならない。差異は通常、次のように分類される。

●**インフレ**：エンティティ・オーナーが専任チームによって設定されたものとは異なる、インフレ仮定を適用した場合に発生する差異。

●**ボリューム変更**：エンティティ・オーナーが専任チームによって設定されたものとは異なる、生産、販売、流通などのボリュームに関する仮定を適用した場合に発生する差異。

●**カテゴライズ変更**：エンティティ・オーナーが専任チームによって設定されたものとは異なる、製品ライン、市場、チャネルなどのカテゴライズの仮定を適用した場合に発生する差異。

●**新規イベント**：エンティティ・オーナーが新しい買収や売却、新しい規制、特別プロジェクトなど、適切なチームに情報が届いていなかったり予測されていなかったりして、予算ガイドラインの対象にならなかった新しいイベントを予算化する場合に発生する差異。新しいイベントは通常、戦略的イニシアチブに関係している。

●**ペース**：エンティティ・オーナーがコスト削減が達成されるタイミングについて、カテゴリー・オーナーによって最初に予測されたものとは異なるペースの仮定を適用した場合に発生する差異。

●**ガイドライン違反**：エンティティ・オーナーがガイドラインに従わなかった場合に発生する差異。

カテゴリー・オーナーはインフレ、ボリューム、カテゴライズ、新たなイベント、ペースに関するさまざまな前提の背景にある根拠を十分に理解すべきだ。エンティティ・オーナーがその前提の正しさを証明できた場合、カテゴリー・オーナーは、そうした前提に対処するようガイドラインを修正し、カテゴリー定義書を書き直さなければならない。そうでない場合には、エンティティ・オーナーはガイドラインに従って予算を再編成する必要がある。

ガイドライン違反について理解する必要もあるが、受け入れてはならない。これには主に2つの種類がある。

- **ガイドラインを上回る予算案**：これはガイドラインまたはZBxの原則に対する誤解から生じた単純な違反の場合、カテゴリー・オーナーが指摘しシンプルに修正される。
- **合意されたベースラインが勝手に変更されている予算案**：これは現状より低い生産性を前提としており、ゼロベースのアプローチのすべての原則に反する。それは変化に対してエンティティ・オーナーが抵抗していることを意味し、許容できるものではないため、彼らの役割を解く企業もある。もっと寛大な企業もあるが、いずれにしても、ZBxが進める変化を無視する態度には何らかの措置を取る必要がある。

すべての交渉内容は、参加者間で議事録を共有する必要があり、合意された予算の調整は、誤解を避けるために文書化されなければならない。すべての当事者が交渉された予算に合意し、エンティティ・オーナーとカテゴリー・オーナーが最終的な数字について共同で説明責任を負うことが不可欠となる。

エンティティ・オーナーとカテゴリー・オーナーの間での議論がすべて終了した後で、最終的な交渉結果が合意され、役員会によって承認される。カテゴリー・オーナーは、それを提示する責任がある。

予算の結果測定

ZBxプロセスを通じて準備された予算は、従来の方法で準備されたものと似た形式を取る。予算の最終承認を行い、結果を継続的に監視するために、すべての内訳を組織の既存の予算システムに入力する必要があるためだ。

これまでに作成された文書は、ベンチマークやガイドラインを設ける際に使用されたものも含め、予算成立時に正式に取りまとめられなければならない。そして、文書化された記録の完全なセットをアーカイブし、関連する履歴データベースを更新する必要がある。

実行計画には、カテゴリーごとに異なるリードタイムがかかる。旅費や携帯電話料などに関するものはすぐに導入され、実現されたコスト削減も即座に捕捉される。契約の再交渉が必要になるため、導入までに時間がかかるものもある。実行計画のフェーズに従って、予算計画上も支出抑制の発現が増えていく。

願望から実現へ

これで目標が予算に組み込まれ、組織全員がそこに込められた約束を守っている状態になった。次の章では、バリュー・ターゲティングで示された経営が達成したい数値目標と、イニシアチブの実行を通じた予算運用との関連について検討してみよう。

[注]

（1）IBM Corporation（2009）.

（2）Ibid.

第10章 イニシアチブ実行——理論から行動へ

「ZBxクロースド・ループ」を構成する6つの要素

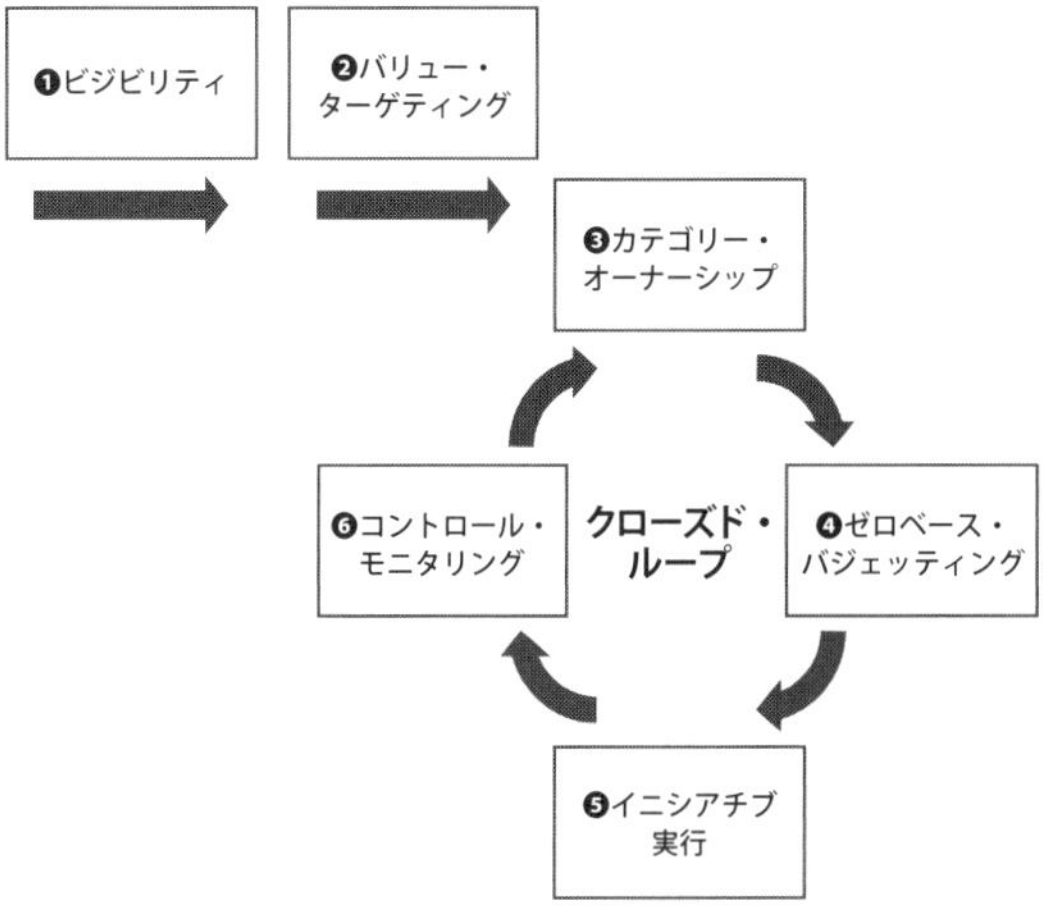

「イニシアチブ実行」はクローズド・ループ内においてもっとも戦術的であり、恐らくはもっとも困難なステップだ。イニシアチブを実行するとは、ＺＢｘが理論から行動へと移行し、人々の振る舞いを変える実際の行動を通じて、スプレッドシート上の目標を現実のものにすることである。ポリシー、プロセス、人材、テクノロジー、価格設定における適切なコスト削減イニシアチブは、現実の価値を生み出し、それが損益に長期間安定的に効果をもたらす。

ひとつの企業内で何千ものイニシアチブを実行できる。各イニシアチブは現状と望ましい状態とのギャップを埋めることを目的とする。イニシアチブを実行する中で、文化と行動の変化が起こされ、企業が新しいアイデアを生み出し続け、さらなるコスト削減が実現されることを確実なものにする。

ゼロベース支出（ＺＢＳ）を活用して、成長を促進することに成功した世界的な消費財企業では、プログラムの初年度に３億５０００万ドルの販管費を削減し、３年間で11億ドルの削減を見込んでいる。利益率は３期連続で改善し、調整後の営業利益率は第３四半期に１・４ポイント改善して13・６パーセントとなった。そして利益率が改善されたことで、アジアでの新工場建設や欧米での工場拡張など、生産設備への投資が増加した。[1]

ＺＢｘイニシアチブは企業によってさまざまなカスタマイズの余地があり、各企業には対応すべき個別の事情があるため、すべての可能性の類型化は不可能だ。ここではその代わりに、いかにイニシアチブが多様になり得るかを提示し、各企業のニーズに合ったフレームワークを提案する。

ゼロベース組織（ＺＢＯ）から始めてみよう。このフェーズにおけるＺＢＯの成果物は、その企業の成長戦略とビジネスモデルに沿ったオペレーティングモデルとなる。つまり、最初に戦略（同社が将来目指すもの）を検討し、次に必要とされるケイパビリティと実現に向けた業務機能と正しい人員配置を検討して、その目標を達成するというわけだ。企業の成長の鍵となる分野で人材とケイパビリティを確保するために、リソースをシフトするのである。

ケーブルテレビ事業者のビジネスの中心は、10年前、端末機器の設置数をいかに増やしていくかにあった。しかし現在、それはデジタルコンテンツの配信にシフトしている。そのため彼らは、ネットワークのオペレーターを減らし、よりクリエイティブ系の人材を雇う必要に迫られている。この会社の経営者の新たな責務は、投資を前者から後者へとシフトさせる最善の方法をモデル化することである。

しかしＺＢＯは、これほど切羽詰まっていない状況にも有効だ。新興市場やｅコマースに投資したいメーカーが、グローバルな販売とマーケティングの支出を最適化するための変革にＺＢＯを用いている。

企業によっては、世界の市場を地理的な近接性でグループ分けしているだろう。しかしそれによって、たまたま好調な市場と同じ地理的空間にあったという理由だけで、間違った国に過剰投資している可能性もある。

ＺＢＯを使うことで、顧客の種類や複雑さ、市場へのアクセスなどの要因に基づいて、グルーピングをするための雛形を作成できる。その結果、新しいグルーピングのセットが得られ、そこでは各グループが一定の顧客と市場特性を持つが、必ずしも地理的条件が同じ国がまとめられるわけではない。それにより、成熟した低利益率市場への過剰投資が行われていないか、また成長市場への投資が過小ではないかを把握し、最終的には販売とマーケティングのリソースを再配分することができる。

続いて、ＺＢＳＣは、私たちのある顧客（時価総額２５０億ドル以上の消費財企業で、世界中の顧客のために飲料を製造しており、１００以上の製造拠点を持つ）に、ゼロベースサプライチェーン（ＺＢＳＣ）を通じて、原材料費、梱包費、および加工費が売上高の約44パーセントを占めていることを発見させた。

彼らは機械学習、インテリジェントな自動化と管理、デジタルエネルギー／安全管理などのデジタルソリューションを活用して、調達、サプライチェーン、製造戦略、予算をゼロベースから設定した。その結果、最初の取り組みで売上原価の削減率は約38パーセントに達した。[2]

デジタルテクノロジーは、フロントオフィスのあり方にも変化をもたらしている（これはＺＢＣの領域だ）。その過程でコストが削減される。人工知能の進歩により、顧客がチャットボットとやり取りすることが一般的に行われるようになった。

ＡＩはチャットボットが顧客の質問を予測するのを助け、もしそれに対する答えがなければ、人間のエージェントへとシームレスに顧客とのやり取りを転送する。これは好循環をもたらす。サービス担当者の数を減らすことで、節約されたコストがＡＩ技術に再投資され、ＡＩ技術はさらに洗練されてゆく。ついにはＡＩがあらゆる質問に答え、コールセンターの人員を劇的に減らすようになる。

ＺＢＣを利用して価格の見直しを行うことは、多くの企業に大きなリターンをもたらしている。

競争が激しく解約率の高い市場で活動している、あるユーティリティ企業では、顧客の経済的価値を検証したところ、もっとも収益性の高い7パーセントの顧客が、顧客ベースの残りの部分がもたらすのと同じ利益を生み出していることがわかった（図表10−1）。

また、7パーセントにおいて推測される利益ポテンシャルの最大値は、現在の最終的な

図表10-1　顧客の経済的価値を検証する（例）

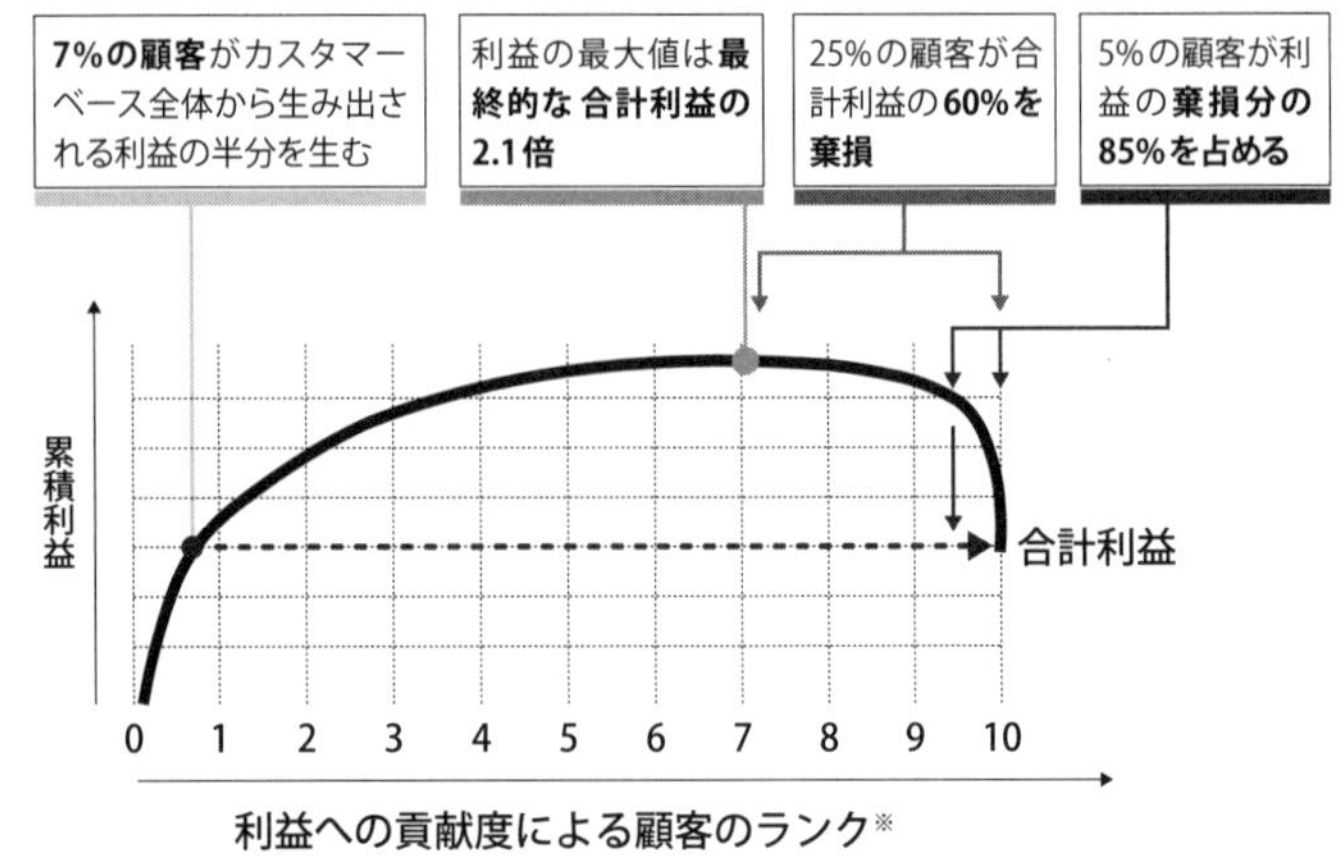

※数値が大きいほど貢献度が下がる

合計利益の約2倍だった。彼らはこうした知見を武器に、デジタル投資でより高いROIを達成するための明確な戦略を定義し、異なる利益セグメントにおいてそれぞれ適切な変更を実施した。その結果、同社は顧客からの年間利益率を15パーセント伸ばすことに成功した[3]。

ゼロベース支出（ZBS）では、ギャップを埋めるためのイニシアチブは、リソースの単価と消費量の両方の問題に取り組む。そこには通常、カテゴリー・オーナーとエンティティ・オーナー、そして調達部門が関与する。

調達部門が単位コストを削減するために調達と購買のイニシアチブを進める一方で、カテゴリー・オーナーは消費量に関するイニシアチブを進め、エンティティ・オーナーはスポットおよび緊急購買を削減する。調達部門とカテゴリー・オーナー、そしてエンティティ・オーナーの強みを組み合わせることによってのみ、イニシアチブが期待される結果を実現することができるのである。

コラム

調達部門の役割

ZBxの理念を大事にしている調達部門は、目標とするコスト削減を達成するため、基準とガイドラインを徹底して、自社の要求を伝え、コンプライアンスも順守する。そしてZBxイニシアチブ（特にサードパーティーへの支出に関するもの）を実行するために、調達部門および関連するソース・トゥ・ペイ（S2P）プロセス（サプライヤーの選定から交渉、契約、発注、納品、支払いまでのプロセス全体を指す）は、次の2つの主要な役割を果たす。

●調達部門は取引条件をサプライヤーと交渉・再交渉し、新しい消費の仕方を実際に可能にする。彼らは新しい基準に適合した商品やサービスを、組織の予算に見合う価格で確保するのである。

● 調達部門は購買業務を管理し、ガイドライン、ポリシー、契約へのコンプライアンスを確立する。デジタル調達プラットフォームおよびポータルは、会社が導入した最新の基準を通じてユーザーの購入手段・プロセスを適切化することに役立つ。最終的にマネジャーたちは、自分勝手な行動をせず、ZBxから得られた知見に基づいてもっとも賢明な購入を行うようになる。

これが実際にどのように機能するのか考えてみよう。施設管理契約を延長する場合、そのプロセスをすべてのユーザーが完全に理解しているとは限らない。そのためユーザーたちは、公式に決められたチャネルを知らずに無視して、許可されていない地元の業者に頼ってしまいがちだ。これにより、サービスが低下して予算が超過するリスクが最大50パーセント増加する。

　このギャップを埋めることは難しい。この際、デジタル調達ポータルは許可されたサプライヤーへ簡単にアクセスできるため、予算を目標通りに維持するための優れた方法となる。

ZBxは私たちをプッシュ型からプル型へと移行させた。いまや私たちは、役員会の強力なバックアップを受けている。以前は購買部門の独力でプッシュする必要があった。

——あるライフサイエンス企業のCPO

ZBxの道をさらに進んだ企業は、真のあるべきコストの考え方（第3章参照）を受け入れることで、より深く取り組みを掘り下げたいと思うかもしれない。たとえば、ある企業は、スマートビルディング技術、リアルタイム運用管理、スペース管理、スマートワーキングなどのデジタル・ワークプレイス・ソリューションを活用することで、コストを50パーセント近く削減することに成功した事例もある[4]。

計画を具現化する

イニシアチブを検討して文書化するだけでは十分ではない。言い換えれば「行動は言葉よりも雄弁」ということだ。実行能力を構築することが不可欠であり、それができなければ、イニシアチブの価値は貸借対照表の上で具現化されることなく、絵に描いた餅になってしまう。ＺＢxの各領域は、イニシアチブの実行段階まで来ると相互に関連・補完の関係が出てくる。ＺＢＯとＺＢＳの２つを比較してみよう（図表10−2）。

ＺＢＯは適切な作業、適切な規模、適切な構造、適切な人材を提供するためのイニシアチブに重点を置いているが、ＺＢＳのイニシアチブは、適切な価格、適切な消費、およびサードパーティーの支出を適切に監視する。したがって、イニシアチブの実行を監視し、イニシアチブ間の相互依存を管理するためのガバナンス・システムを導入する必要がある。

早期発見は、効果的なリスク管理とコスト管理の鍵である。イニシアチブは実行の過程でいつの間にか、理由をつけてプランニング時の効果から縮小されていたりする。それらを早期に把握することでプランニングの精度低下が防げる。そしてプランニングの精度が高いまま維持されれば、全体的な実行コストを最低化できる。[5]

図表10-2　ZBOとZBSの比較

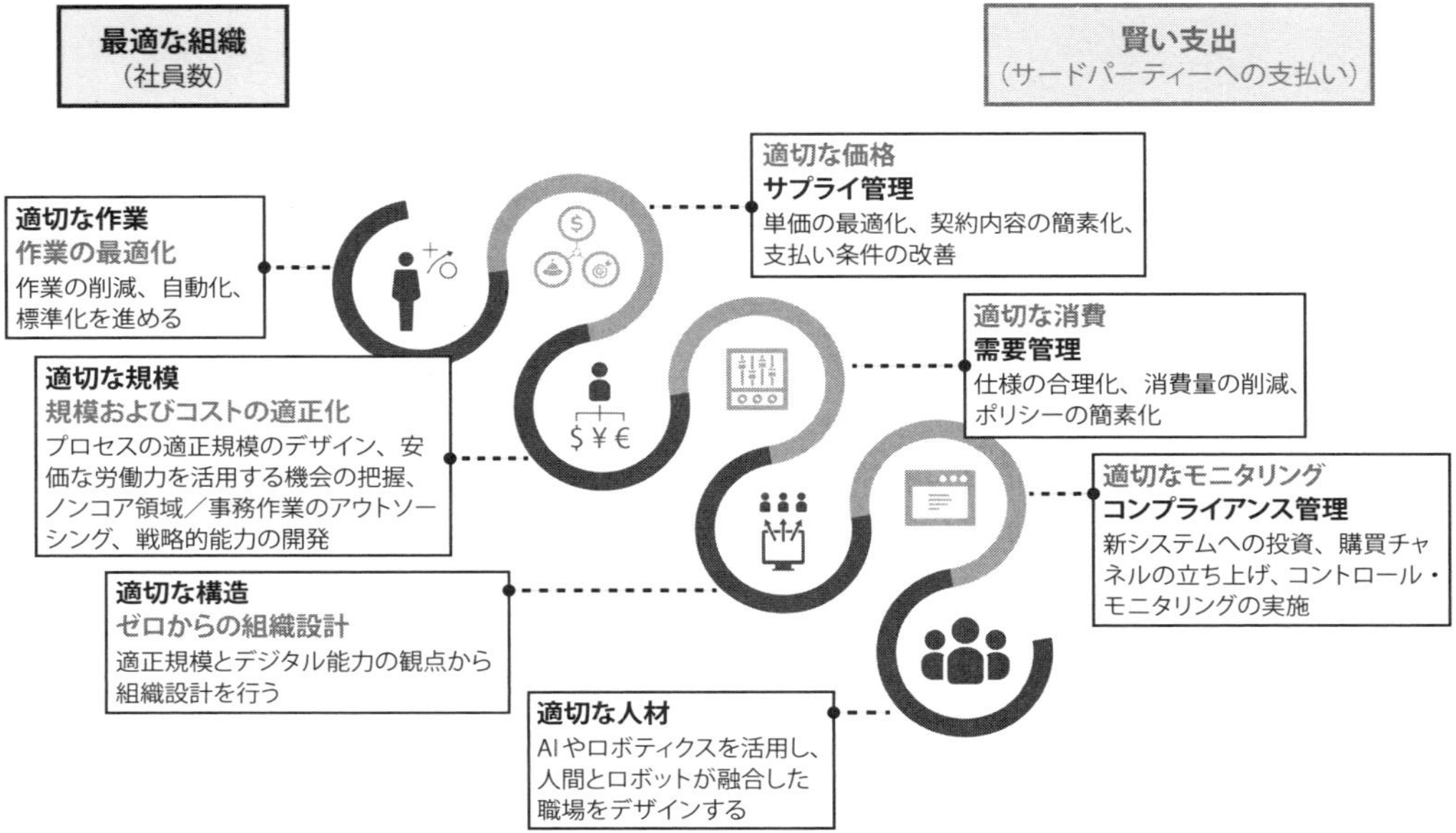

変化を維持する

首尾一貫したフォローを行っていくことで、効果が具現化されていき、新しい価格戦略や賢い支出に関するガイドラインの意図を社員が理解するようになっていく。実施状況の追跡を毎月行うことで、企業はより多くの時間を積極的な意思決定に費やすことができ、年度末の目標達成が保証され、特定された成長の機会をつかむことが可能になる。これについては、次章「コントロール・モニタリング」で詳しく解説する。

［注］

（1）Timmermans（2015b）.

（2）Accenture client experience.

（3）Honts, Levesque and Salvador（2018）.

（4）Accenture client experience.

（5）Pritchard（2004）.

第11章

コントロール・モニタリング——全速で前進する

「ZBxクローズド・ループ」を構成する6つの要素

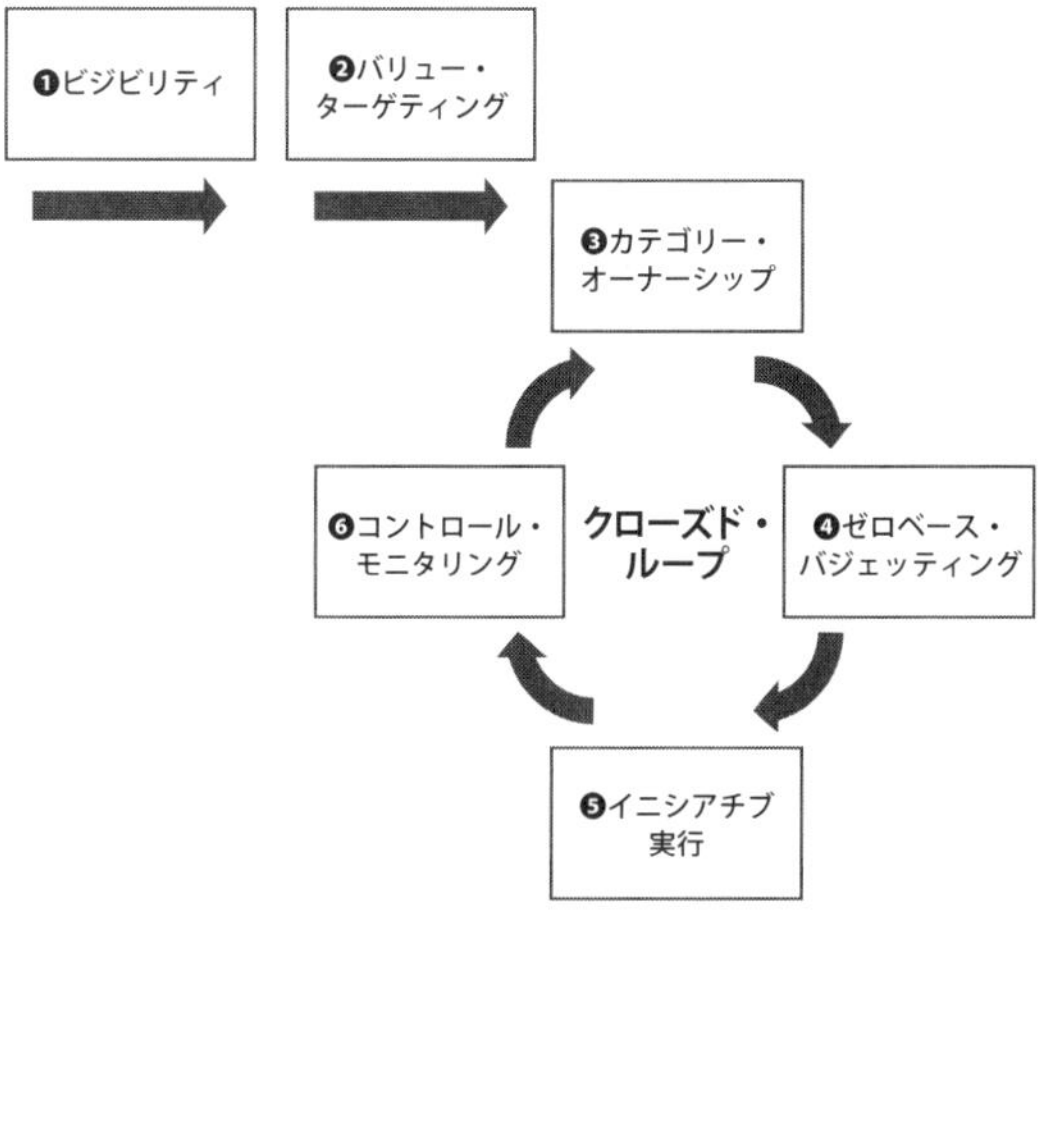

サーキットでレーシングカーに乗っているところを想像してほしい。あなたにはいくつか明確な目標がある。第1に、レースに勝つこと。第2に、他の選手を抜く大胆さを持ちつつも、エンジニアと合意した戦略を守ること。最後に、即興で立ち回ることだ。コース上にあるすべての障害を予測できる人はいない。車載モニターを参照して、コースと車体の両方の状態を監視し、必要に応じて軌道修正するのである。

企業でZBxを推進する際も同様だ。あなたは最高でありたいと願う。ビジビリティとバリュー・ターゲティングは、企業がどこへ向かうべきかを示してくれる。あなたは一流の企業群のさらに一歩先へ出ようと努力する。そこへ導くのがレベル0の思考だ。

カテゴリー・オーナーはガードレールや床の標識、すなわち賢い支出に向けたガイドラインを示す。コストカテゴリー・オーナーとエンティティ・オーナーが戦略を予算に組み込むと、両者の間に健全な緊張関係が生まれる。

コントロール・モニタリングとは、過去に生じた障害を理解し、現状を評価して将来を予測することだ。また、コースから外れた場合には、合意された予算を達成するための修正措置を即興的に行うことも重要になる。これはパフォーマンス・レポートとガバナンスを通じて行われる。

ＺＢｘは「コストが削減されたあかつきにはｘパーセントを私の部門の投資に回させてください」といった類の言葉を、根拠と活動に基づく会話へと変えることができる。

——多国籍石油ガス企業のＣＦＯ

パフォーマンス・レポート

パフォーマンス・レポートには主に、差異分析（実績対予算）、根本原因の理解（オペレーションＫＰＩ）、予測、および進捗管理（イニシアチブの進捗状況の追跡）の４つの要素がある。これらの要素により、どの予算が守られているか、あるいは守られていないかについて、基礎となるオペレーションＫＰＩ、根本原因分析の結果が示される。

また、ギャップを埋めるためのイニシアチブによって生み出される価値を社内に提示し、将来問題を引き起こすリスクについてＺＢｘチームに警告する（つまり予測を行う）。多くの場合、ＡＩツールが使用され、予算上のコストと実際のコストを追跡し、ボリュームとコストの変化の影響を予測する。

信頼性の高いＢＩ（ビジネスインテリジェンス）と企業パフォーマンス管理（ＥＰＭ）による

レポート機能を使い、データを収集、フィルタリング、チェック、統合して、一定のフォーマットで週次および月次でレポートを作成する。そうすることで、文字通り誰もが同じ土俵に立てるようになる。

これは古典的な「共通理解を得たベースライン」を生み出す手段だ。そしてそれは、ゼロベースのアプローチを持続させるために欠かせない。それがないと、経営者は数字をどう改善すべきか考えなければならないときに、数字の正確性を議論することになって時間を無駄にしてしまうだろう。

実績報告のための月次スケジュールは、カテゴリー・オーナーのチームによって決定され、役員会によって承認される。各企業は、その能力とプロセスに従って独自のスケジュールを定義する必要がある。実際の企業で上手くいった一例を紹介する（図表11-1）。

ZBxのコントロール・モニタリングを永続化するための、4つの主要なメカニズムについて説明する。

差異分析（実績対予算）

コントロール・モニタリングで極めて重要になるのは、予算に差異が生じた原因を特定

図表11-1　実績報告のための月次スケジュールの一例

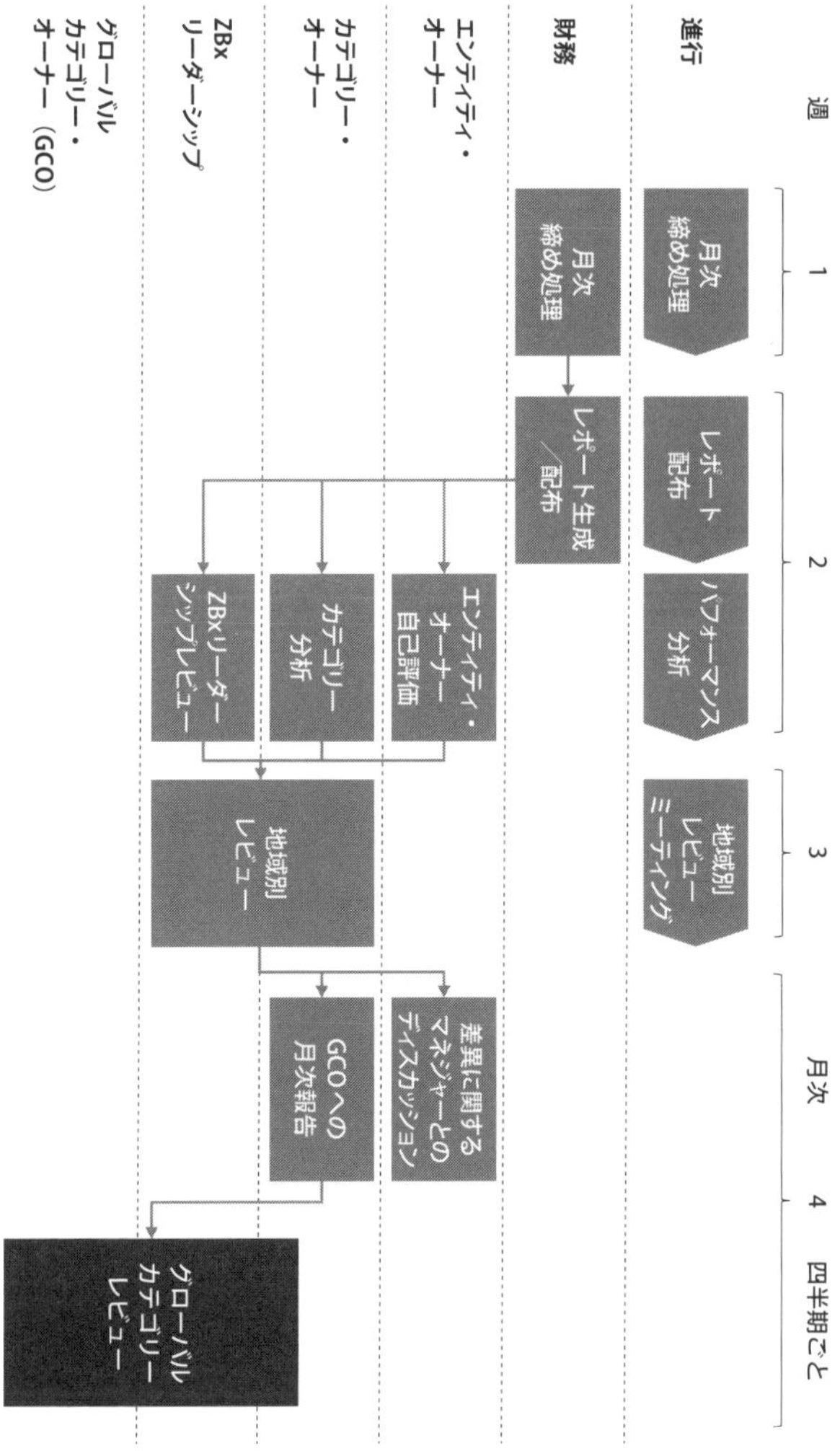

し、それを修正する必要があるかどうかを判断することだ。マネジャーは差異分析によって、予実差異の要因を深掘りし、適切な粒度での要因特定を目的とした適切な質問をできるようになる。[1] 差異の原因、選択された是正措置の根拠、およびその他の種類の知見については、文書化してその後の予算サイクルで活用することが望ましい。

コストもしくは収益の予算と実績の差異は、次の原因で発生する。

- **ボリュームによる差異**：総売上もしくは生産量の差異。
- **構成による差異**：生産および流通された製品の種類構成における差異。
- **単価による差異**：購入もしくは販売された品目の単価の差異。
- **パフォーマンスによる差異**：生産基準（製品1個を製造するのに必要な原材料の平均量等）の差異。
- **為替による差異**：異なる通貨単位で取引が行われる場合の差異。

差異を構成要素に分けることの利点は、説明責任が確立されることだ。それは各構成要素に異なるマネジャーが責任を持つ可能性があるためである。つまり購買マネジャーは予算価格で資材を購入する責任があり、オペレーション・マネジャーは購入された資材を効率的に使用する（予算で決められた量を超えて使用しない）責任があるのだ。差異分析は、原材料費の超過が、営業の非効率性よりも購買行動に起因しているのか、あるいはその逆なのかを明らかにする。

実際には、責任の割り当てはそれほど簡単ではない。購買マネジャーは代替材料を入手してプラスの購買価格差異を実現することができるが、その結果、オペレーション・マネジャーが十分な品質の製品を製造するのに苦労する可能性がある。その結果、予算で想定されたよりも多くの労働時間と設備稼働時間が費やされ、マイナスのパフォーマンス差異が生まれてしまうかもしれない。

ここで問題となるのは、効率性の差異が生じたことに関して、オペレーション・マネジャーと購買マネジャーのどちらがより責任があるかということだ。[2]

ZBxルールでは、許容レベルを定義し、コストの超過または不足を検知する。一定の許容レベルを超える変動のみが分析され、行動計画によって対処される。許容レベルは予算の精度を反映し、カテゴリーの性質によって異なる。

したがって、高価値の選択肢が少ないカテゴリー（例：アウトソーシングによるビジネスサポート）や、予測精度の低いカテゴリー（例：旅費）、あるいは自由裁量で決定が行われるカテゴリー（例：イベントやスポンサーシップ）は許容レベルが高い。予算会計年度末にどれほど近いかも重要であり、予算編成をスムーズに進めるために、年度末の２カ月間は許容レベルをゼロにすることが望ましい。

許容レベルを設定しておくことが必要なのは、予算を盾に業績改善を強いることを、極端に趣旨をはき違えたやり方で行った場合、企業倫理の崩壊につながりかねないためだ。たとえば、いまはなき巨大通信会社ワールドコムで働いていた人々は、ＣＥＯだったバーナード・エバーズの厳しい要求がのべつ幕なしのストレスとなり、それが非倫理的な行動を促したと述べている。

フィナンシャル・タイムズ紙の記事で、ある社員は「彼は予算を与えた相手に対して、誤差を２パーセント未満に抑えることを命じ、それ以外の結果を認めなかった」と指摘している。ワールドコム、エンロン、ベアリングス銀行、その他の経営破綻した企業では、情報を統制してそれを限られた人々のみと共有するという厳しい予算管理プロセスが実施されていた。[3]

このような破綻は、特に経済状況が悪化している場合に、業績改善への圧力が高まるにつれて起こりやすくなる。利益目標を達成できず、投資家やメディアから嘲笑されるリスクを冒そうとするＣＥＯなどほとんどいない。さらには、悪いニュースが上の立場にある人々の怒りを買って自分のボーナスが没収されるリスクを意味する場合、積極的に立ち向かおうとする経営者はより少なくなる。

コラム

差異の公式

●ボリュームおよび構成差異：$(V_1-V_2)\times P_1\times N_1\times C_1$

●パフォーマンス差異：$V_2\times P_1\times(N_1-N_2)\times C_1$

●価格差異：$V_2\times(P_1-P_2)\times N_2\times C_1$

●為替差異：$V_2\times P_2\times N_2\times(C_1-C_2)$

【凡例】

V＝生産量（供給および生産に関するコスト）もしくは販売量（流通に関するコスト
および売上）

P＝価格（例：＄／ｋＷｈ）

N＝基準（例：ｋＷｈ／ｔｏｎ）

C＝通貨為替レート（市場の状況に基づく。例：＄／￡）

1＝ベースライン期間（例：年初来もしくは月次予算）
2＝直近の期間（例：年初来もしくは月次実績）

コラム

修正予算

予算に組み込まれた目標は、業績を評価する際の基準と見なされるべきであると広く信じられている。たとえば、ビジネス予測を立てた際に販売数が４０００ユニット、出荷コストが1ユニット当たり25ドルに設定されていたとしよう。この場合、予算内で出荷コストが合計10万ドル確保されていなければならない。しかし、実績では３５００ユニット販売され、出荷コストが合計9万ドルだったとする。生じた差異の観点から、これはどのような状況だと考えられるだろうか？

出荷コストの合計が予測より1万ドル少なかったため、関連部門のリーダーに報酬を与えるべきだと思ったなら、考え直した方が良い。出荷コストの予測が1ユニット当たり25ドルだったとすれば、合計コストは8万７５００ドルであるべきだ。つまり、実際には２５００ドルの出荷コスト超過が発生していると考えられる。

「弾力性予算」の考え方においては通常、操業度は予算管理者のパフォーマンス評価に影響させない外部変数と位置づけられる。言い換えると、売上数量や工場の稼働率は予算に関する結果変数ではなく、前提変数として位置づけられる。

多くの企業において予算の評価を効果的に行うためには、「修正予算」を作る作業が必要である。言い換えると、出てきた実績ファクトに基づいて先行きの予算を更新するという行いである。というのは、予算は当初策定時点では予測できない要素またはコントロールできない要素を含んでいるからだ。エンティティ・オーナーがコントロールできない経費の例としては、設備やＩＴインフラのリースなど、企業の間接費の配賦がある。また予測不能な経費の例としては、為替レートの変動による損益がある。

もう少し詳しく解説しよう。ボリュームの予実差異は一般的に、エンティティ・オーナーには前もっての予測や完全なコントロールはできないので説明責任の範囲外となる。一方で彼らは効率性の予実差異については説明責任を負う。修正予算とは、実際の生産量が減少しているときに、エンティティ・オーナーが削減するべきと期待されるコスト、また逆に実際の生産量が予算上の予測を超えたときに、増加しても然るべきと考えられるコストを識別する。[4]

そのようにすることで、生産または販売数の変動による影響を取り除き、予算上の目標値に対する達成誤差許容範囲を超えることを伝えるアラートを本質的に意味のあるものにする。変動系コストカテゴリーといくつかの半変動系コストカテゴリーでは、モニタリングすべきもっとも重要な指標は、単価（例：1トン当たりコスト）、予定になかったスポット消費、および効率（例：原材料のトン数、製品のトン数）である。

エンティティが事前に設定された単価および特定の消費量を守っている場合には、生じた変動に対する説明責任は負わない。説明することを要求されるべきではない。しかし、予算と実績の比較に対しては、ボリューム調整した仮想予算を計算しなければならない。

根本原因の理解（オペレーションＫＰＩ）

エンティティ・オーナーは把握された差異に基づいて、特定の機能のオペレーションＫＰＩを調べて、その根本原因を理解する（図表11－2）。

差異レポートから根本原因を分析することで、コスト削減の持続可能性を持って推進するために必要な施策が明確になる。そうした行動は通常、カテゴリー・オーナーと上級役員がスポンサーとなり、特定の担当者が任命される。

オペレーションＫＰＩを理解することは、次の３つの重要な質問に答える際にも役立つ。

- 達成されたコスト削減は損益に反映されているか？
- 特定のＫＰＩ改善の代償として、新たに発生するコストは何か？
- 目標ＫＰＩが予算で設定されたレベルを下回ると、損益にどのような影響があるか？

図表11-2　差異レポートから根本原因を分析する

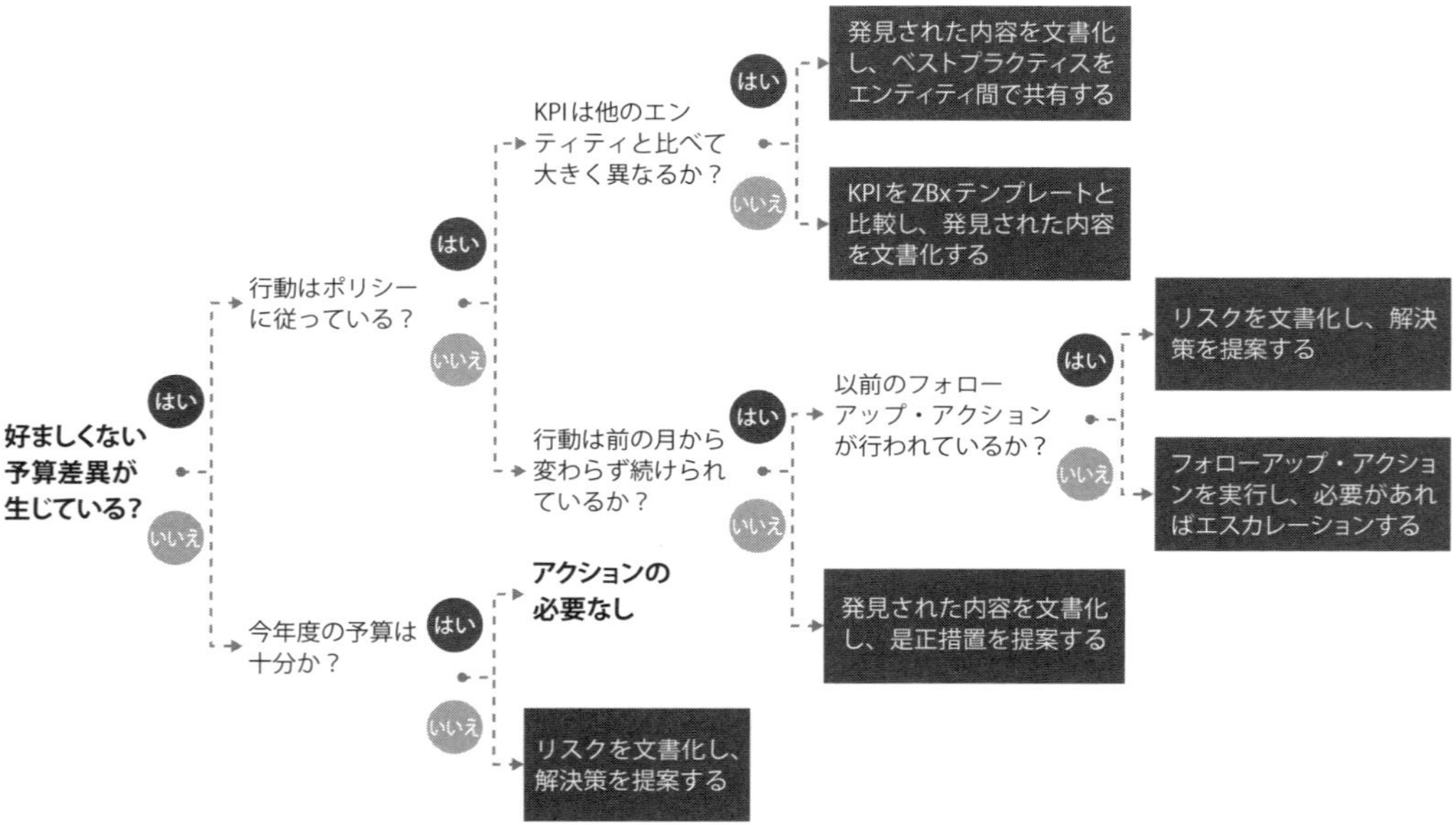

予測

毎月末、エンティティ・オーナーは業務実績の報告内容を確認する責任があるだけでなく、予算期間の残りの部分に関する予測を提供する必要がある。そこで見直された予測は、計画プロセスに対するインプットとなり、当初予算または最新の予測に基づいた計画を更新するのに役立つ。

もっとも一般的な予測テクニックとして、次のものが挙げられる。

●**現在までの実績に加えて、残りの月の予測ロジックを改良して追加する**：このアプローチは、過去の実績が当初の前提に根本的な欠陥があったことを示している場合、または条件の変化により、それにもはや関連性がなくなったことを示している場合に用いられる。

●**現在までの実績に、残余予算分をそのまま追加する**：このアプローチは、現在までに生じた予実差異が明らかに突発的なものとわかっていて、マネジメントチームが将来同様の差異が発生しないと考えている場合に用いられる。

効果実現の管理

ＺＢｘを導入した初年度には、価値実現オフィス（ＶＲＯ：バリュー・リアライゼーション・オフィス）――あるいは「管制塔」と呼べるだろう――を設置し、予実差異を埋めるためのイニシアチブを支援して、当初想定していた効果実現の取り組みを追跡し、予実差異の是正を予測すべきだ。

ＶＲＯはカテゴリー・オーナーおよびエンティティ・オーナーと協力して、進行中のイニシアチブの実行を監視し、それに対応する損益上の結果を検証し、効果実現における目標との差異を調査して、将来の価値実現の予測を確認する。

新しいテクノロジーとデータサイエンスを組み合わせることで、企業はイニシアチブを詳しく検証し、それに対応する結果を継続的に監視できるようになる。これは多数のオペレーションＫＰＩを持つＺＢＳＣとＺＢＯにおいて特に重要だ。誰がどの時点で何を実行しているかをリアルタイムで把握することが、非常に困難なためである。

ガバナンス

コントロール・モニタリングにおけるガバナンスは、カテゴリー・オーナーとエンティティ・オーナーのあらゆるレベルでの協力によって促進される。たとえば、月次ベースではカテゴリー・オーナーはカテゴリー・オーナーシップのステップで確立された健全な緊張関係を維持するために、予実差異の80パーセントの要因を占める20パーセントのエンティティと関わりを持つことになる。そのためグローバル企業では、各地域のカテゴリー・オーナー、およびグローバルカテゴリー・オーナーが関与するといったさらなるレベルでの協力が望ましい。

予算と実績コストとの間に差異が生じた場合、経営陣は業績を改善するための是正措置を計画し、それを通じて予算を達成する可能性を高める。こうした取り組みの結果は、予実差異およびそれに対応するためのアクション・プランと共に、毎月の役員会で報告される。

これらの会議は、組織全体に新しいコスト管理の文化を育み、全員が自分自身の結果（良い結果と悪い結果の両方）に責任を持つことを明確にするため、極めて重要だ。また、ZBx

の成功事例を社内で広く認知させるには、際立ったパフォーマンスが生まれているかどうかを認識することも重要である。

そのためのひとつのアイデアは、四半期ごとの全体的なコスト削減実績がもっとも優れているエンティティ・オーナーを招いて、そのベストプラクティスを役員会に提示すること、もうひとつはCEOが四半期の最高業績を発表したエンティティを訪問し、彼らに直接会ってエンティティ・オーナーがその上司に貢献を評価してもらえるようにすることだ。

コントロール・モニタリングのための月次会議に、「こんなに大勢の人々を参加させている」とか「継続的にやっている」などと自慢げに言う人もいる。しかし結局のところ、企業パフォーマンスに寄与できるか否かの本質は人の多さや継続期間ではなく、その会議において小さな数値の意味とその差異を正確に解釈し、議論できているかどうかだ。

――消費財メーカーのCEO

デジタル・ファイナンスの未来を切り開く⑤

これまでＺＢｘにおけるコントロール・モニタリングの現状を解説してきたが、それでは未来はどうなるのだろうか？

ビジネスリーダーは、成長促進とアジリティの維持を両立させるための正しい意思決定を行う上で、日々の売上とリアルタイムの収益性報告を必要とする。これは財務部門が担う機能をレポート機能から、経営幹部がほぼリアルタイムで情報にアクセスできる機能へと移行させるパラダイムシフトだ。この変化のペースはますます速くなっている。ビジネスの新たな命題は、指数関数的な成長だ。デジタル化を通じて力をつけようとしているときに、財務部門の動きが遅いと、成長だけでなくアジリティも阻害されてしまう。

デジタル化の価値を最大化するために、ＣＦＯはより広範なデジタルロードマップの一部として、包括的なＡＩ戦略を策定しなければならない。企業は機械学習を活用して、仕訳入力時点でその内容を処理・検証し、修正することができる。

また、複数のシステム間や元帳間、そして取引のある企業間で絶え間なく勘定調整を実施できる。これにより、時間のかかる勘定調整を人手で行う必要性が劇的に低下することはもとより、統制テストを大規模に行う必要もなくなる。会計処理が絶え間なく行われることで、継続的な監査が可能になり、それ以外の各種テストをリアルタイム化して、最終的には決算まで絶え間なく行われている状態が実現されるだろう。月次または四半期ベースで決算するのは、時代遅れの過去の遺物だ。

[注]

（1）Kaplan（2004）.

（2）Ibid.

（3）Hope and Fraser（2003）.

（4）Kaplan（2004）.

（5）Powell（2018）.

おわりに

世界的なベストセラーとなるビジネス書がある。それらは企業が特定の手順を踏むことで、間違いなく成功できると主張する。本書はそうした類の本ではない。奇跡など提供しないし、成功も保証しない。ベンチマークとレベル0の議論において強調したように、パフォーマンスとは相対的なものだ。成功と失敗は、自社の行動だけでなく、市場の他プレイヤーの行動にも左右される。自分がいまどこにいるかは重要ではない。これからどこに行こうとしているか、どれだけ早く到達できるかが重要だ。競合他社の方が速く成長すれば、あなたは取り残されることになる。ゲーム理論の初歩だ。

したがって、ゼロベースのアプローチは、どんなに実績があっても、万能薬でも特効薬でもない。[1] ZBxは効率を継続的に向上させ、組織のコスト文化を永久に変えるためのツールなのである。それは企業が今期の予算を縮小したいからと導入するものではなく、絶え間なく取り組むプロセスだ。単に企業合併後の規模を適正化したいとか、価値を迅速に提供できることをウォール街に示したいとかいった理由で頼るものではない。

ZBxを採用している企業は、長期にわたってそれに投資している。それはZBxが、イノベーションと成長に予算を割り当てることを目的とし、資金の使い方を根本的にシフトさせる方法を提供するからである。悪い（価値に直結しない）コストを排除し、良い（価値に直結する）コストと競争力のあるアジリティを後押しするのである。それは明確な価値を生み、それによって企業の競争と成長を助ける古くて新しいスタンダードだ。[2]

それをどう実現すれば良いかについては、私たちは相手によって異なるアドバイスを提供している。これさえあれば万事上手くいく、などという答えはない。しかし、私たちはクローズド・ループアプローチが最良のコスト管理ツールであると信じている。またZBxを耐久性のあるものにするためには、次の3つの機能が不可欠だ。

- **詳細なレベルのビジビリティ：**組織において主観ではなく客観的な事実に基づいて考えられるようにし、コストカテゴリーごとに良いコストと悪いコストを分離できる新しい眼鏡を作り出す。

●**カテゴリー・オーナーシップ**：新たな支出ガバナンスモデルであり、あらゆる支出に関してカテゴリー・オーナーとエンティティ・オーナーが同時に説明責任を負い、両者の間に健全な緊張関係を生み出す。

●**コントロール・モニタリング**：戦略目標に対してリソースがどう配分されているかを絶えず検証し、自己強化的な知見と行動の好循環を生み出す。

地平線上に見えるもの

では私たちは、ＺＢｘと共にどこに向かおうとしているのだろうか。近い将来、それは損益計算書のあらゆる領域をカバーするようになるだろう。販管費の範囲（ゼロベース支出：ＺＢＳ）を飛び出し、ゼロベース組織（ＺＢＯ）、ゼロベース・コマーシャル（ＺＢＣ）、ゼロベース・サプライチェーン（ＺＢＳＣ）という形ですでにカバーできる領域を拡大している。

さらに長期的に考えると、ＡＩと機械学習がこのアプローチを加速させ、いままで隠されていた価値がどこに隠れているか、より正確に特定できるようになるだろう。情報の活用と自動化を続ける中で、地平線上には、「タッチレス予算」のように新たな変革をもたらすものが見え始めている。それは、豊富なデータストリームを活用して予算シミュレーションを迅速かつ正確に実行し、さまざまな条件下で将来を予測できる。

また、テクノロジーはクローズド・ループのルーチンをより速く柔軟なものにする。インメモリデータ処理の分野で（ＥＲＰ）システムの進化は、月末ではなく、即時的にコスト予実差異の根本原因分析を実施し、コストが生じる前に予算への影響があるかをアラートすることでＺＢｘのルーチンや社内の相互コミュニケーションをより迅速にさせる。

自社のＥＲＰのアップグレードを検討しているだろうか？　Ｓ／４ＨＡＮＡを導入する？　その際には、ＺＢｘを念頭に置いて新しいルーチンとデータモデルを設計することができるだろう。技術革新は組織内部の透明性も高めている。ますますつながりが強くなりつつある世界においては、それは外部との透明性も高めるだろう。その結果として、社会全体や組織の信頼関係に役立つ取り組みが増えている。

最後にもうひとつ

今日のＺＢｘを取り巻く勢いは、まだ始まったばかりのデジタル・トランスフォーメーションの力を反映したものだ。先行者は懐疑論を無視し、デジタル技術に賭けた。その結果、ビジネスモデルや顧客体験、さらには業界全体を再構築することに成功した企業もある。騒ぎは最高潮に達し、遅れていた人々もそれに続いた。そして現在、デジタル化に後れを取る企業は競争でも後れを取っている。生き残りにデジタル化が必要かどうか、もはや議論する余地もない。

近いうちに、ＺＢｘについても同じことが言われるようになるだろう。

[注]

（1）Timmermans and Abdalla（2018）.

（2）Timmermans（2015b）.

日本語版刊行に寄せて

アクセンチュア
ビジネス コンサルティング本部
サプライチェーン&オペレーションプラクティス 日本統括
マネジング・ディレクター
太田陽介

日本人視点からのZBxのアプローチ

私の祖父は戦前・戦後を通して大手重工業の会社に勤め、日本初の火力発電プラントの建設所長などを歴任した人物だった。祖父とは同じ屋根の下で少年時代を共に過ごした。彼からは戦後のゼロの時代から高度経済成長期に会社と社会を復興させた倹約の精神を学んだ。それは少ない資源を最大限「有効に」使おうというものだったと思う。モノ・カネ・ヒトに欠乏しない時代になったからこそ資源は有効に使うべきだ。彼の私生活の様子と話を聞かせてくれた彼の職場の様子から、強くそう感じたことが私の記憶に残っている。

あれから何十年もが過ぎ、多くの日本企業の経営陣の方々とＺＢx（ゼロベースのアプローチ）について私は討議をする。日本人にとってはいま一度、父・祖父の時代にあったＤＮＡに訴えかけてそれを呼び覚ますことかもしれない。

本書において、クリス・ティマーマンスが繰り返し説いているようにＺＢxのアプローチの出発点は、「1円であっても会社の支出は自分の支出である」と社員が考えられるようになることだ。

なぜこれが組織・会社が大きくなると次第に難しくなるのか。それは、自分の組織のパフォーマンスと資源に強く個人的責任感を持つようになると、その裏返しで人は自分の組織の外にはまったく興味がなくなる、という皮肉な性質があるからだろう。

ティマーマンスらはそうした排他性が発生する組織の最小単位をエンティティと称して解説を進めている。企業の大小や組織の組み方によってエンティティは事業部、実務部門、それより小さい切り方にもなる。ＺＢxとはつまりエンティティの壁を越えて資源管理のルールを整える手法である。

日本企業においても終身雇用の前提が崩れて久しい。しかし、欧米の企業と比較すると、業績が悪化した際にいわゆるリストラが手段として用いられる頻度は現在においても明らかに低い。これは日本式経営の美点である。一方でそのことが、私の祖父の時代には社会全体にあったであろう一種の「飢餓感」を薄くしている側面も実際にはあるだろう。

会社の業績を本当に「自分ごと」として考えて行動しているか。全社員が当てはまるか。全社員でないとすれば何割ぐらい、どの職位の方々が当てはまるか。

ＺＢｘのアプローチとは、自然に任せていては共有されない「飢餓感」を言わば人為的に作り出すやり方である。それによって、日本人独特の強み・ＤＮＡを再活性化させ、それが短期でのドラスティックなコスト削減につながる。

ＺＢｘを開始する冒頭では「Ambition（経営が達成したい目標数値）」を設定する。業界のゲーム構造がどのように変わっていて、何にどの程度の金額規模の投資が必要なのか。それを仮にやらない場合、足元の業績はどのように推移し負けていく可能性が大きいのか。

こうしたＩＲには絶対に出せない予測を、漠然とした物語でなく、定量的な数字で整理する。そして「ディスラプターと戦う軍資金」をいつまでに生むのだ、という飢餓感を経営者が社員にていねいに自らの言葉で説明すること。これを行ったある日本の小売企業は

ＺＢｘを断行し、その後、台頭するディスラプターに対する勇敢な戦いを繰り広げている。

ゼロ（Zero）のシリーズの類型

本書で解説されているが、ここでもゼロ（Ｚｅｒｏ）のシリーズを概説しておく。

ゼロベース予算（ＺＢＢ＝Zero-Based Budgeting）はゼロ（Ｚｅｒｏ）のシリーズの始まりであり、いわば中核を成す。予算策定から実績管理についての変革テーマであり、前年対比のコピーではなくゼロベースで必要性を問いながら必要な予算を作り込むことを可能にする一連の方法を示す。

次にゼロベース支出（ＺＢＳ＝Zero-Based Spend）、これはいわゆる販売費及び一般管理費（ＳＧ＆Ａ）の費目を中心に消費の実態をデータ分析によって、これまでにないレベルで把握し、ファクトベースで本当に必要な消費だけに絞り込んでいく手法である。販売費及び一般管理費（ＳＧ＆Ａ）は売上原価（ＣＯＧＳ）と比較すると自社の意思として消費レベルをコントロールできる費目である。しかし一般的には経営として統一の意思が反映できていることは少なく、事業部や部署の裁量の中でバラバラの消費レベルになっている。

実践においては、ＺＢＳはＺＢＢの前に実施されることが多い。ＺＢＳによって目的が曖昧なまま消費されていたカネを投資原資にシフトし、現場に活動の意味を実感させながらであれば、ゼロベースのアプローチを浸透させることがずっと容易になるからだ。

ゼロベース・サプライチェーン（ＺＢＳＣ＝Zero-Based Supply Chain）はＺＢＳとは逆にＣＯＧＳ（売上原価）をメインに踏み込むものだ。工場内のコスト、バリューチェーンをまたがる物流コスト、大規模自社プラントを擁する業種であればメンテナンスコスト、これらすべてのコスト……といった具合に、ＺＢＳＣで取り扱う対象コストのスコープの決め方は、支出の大きさと過去の取り組みの経緯による。

いま一度、自社のサプライチェーンのデジタルツインを立ち上げてwhat-ifシミュレーションを行いながら、ゼロベースで聖域なき議論をすることが、多かれ少なかれすべての日本の製造業に求められている。

ゼロベース・コマーシャル（ＺＢＣ＝Zero-Based Commercial）はマーケティング・ＲＯＩ（ＭＲＯＩ）と混同されやすいが明確に異なる。経営管理のメカニズムの中で正しく顧客セグメントが定義され、顧客セグメントごとのＲＯＩが本当に測られているかを問い直す変革テーマだ。

概して経営管理は組織の定義に引っ張られる。地域支社、事業部、といった社内組織の単位で損益計算書（Ｐ／Ｌ）を管理していく中で、顧客軸での経営管理は盲点になっている。

正しくカスタマーセグメントごとにそこから上がっている利益と投下しているコストを配分して計算してみると、思わぬアンバランスが発見されるのはそうした組織定義がもたらす磁力のためだ。

組織が定義される以上、組織ごとのＰ／Ｌがあって然るべきだが、一方経営戦略目線ではＺＢＣが提唱する組織の縄張りから離れた、適切な顧客セグメントごとの分析手法は重要な意味を持つ。

ここまでゼロ（Ｚｅｒｏ）のシリーズ類型を再整理した上で、日本市場で起こっていることを少々指摘しておきたい。それはゼロベース予算（ＺＢＢ）という言葉が企業によってはＩＲの資料に登場するほど知られてきているものの、実態はゼロベース支出（ＺＢＳ）のことを誤解してゼロベース予算と呼んでいる場合が多いことだ。

コスト削減の施策を定義し、これの施策進行度を測るモニタリングツールを導入している、というレベルはゼロベース予算ではない。ゼロベース支出を高尾山登山とするならば、ゼロベース予算は富士山登山だ。そのぐらい実践の難易度、したがって経営のオペレーティングモデルを変更する度合いは大きく違う。ゼロベース予算のコンセプトを教えているＭＢＡやコンサルタントにも実はこの点の誤解が多い。

よって本書では、正しくゼロ（Ｚｅｒｏ）のシリーズをひとつずつ分けて解説もしている。その実践においてもっとも多いパターンはＺＢＳを先行させ、ついでＺＢＢに昇華、続いて自社のコスト構造や過去の取り組みの経緯を踏まえて、ＺＢＳＣ・ＺＢＣのうち必要なものをチョイスして追加導入していく形となる。

最後にゼロベース組織（ＺＢＯ＝Zero-Based Organization）にも触れなくてはならない。その名の通り、人件費と組織のあり方にメスを入れる。日本市場においてはＺＢＳに次いでニーズが高く導入事例が多いメソッドだ。これはまず、いわゆるビジネス・プロセス・リエンジニアリング（ＢＰＲ）とは明確に異なる。ＢＰＲが内科的処置であるとすれば、ＺＢＯは外科的処置だ。

ＢＰＲはいまある業務機能の存続と人員の存続を暗黙の前提にして、いかに効率的・省力的・自動的に業務を行えるか、プロセスの組み替えやロボティック・プロセス・オートメーション（ＲＰＡ）の導入ポイントを探って、業務の上流から下流に向けたスループットを最大化させていく行いである。

対してＺＢＯはプロセスの分析から入らない。その企業が生み出すべき価値に対して直接貢献する業務機能、直接貢献しないものの準備として必要な業務機能、歴史的経緯の中で存続してきたが今日においてはゼロに近づけることが望ましい業務機能を識別することから入る。

一つひとつの業務機能の中には多くのプロセスが含まれているが、業務機能のレベルで断捨離をかけることから始まる。

業務の最適化のための方法論と言えば、日本市場においては、ビジネス・プロセス・マネジメント（ＢＰＭ）を想像する方のほうが圧倒的に多いと思うが、これとは異なるプライム・バリュー・チェーン（ＰＶＣ＝Prime Value Chain）という方法論を使えば業務機能の棚卸しができる。付加価値業務機能のヒートマップを作り、これにかかっている人員の数（ヘッドカウント）・フルタイム当量（ＦＴＥ）・人件費、存在するＩＴ・ツール群などをマッピングしていく。

アクセンチュアではこれに加えて、同じ業種・業態の中で売上規模を揃えたときに、本来どの業務機能は何人で回せるのがスタンダード以上なのか、目安を知ることができるベンチマーク・データベースを蓄積している。

このように、業務・組織設計にもデータを駆使したゼロベースのアプローチは具体的な方法論を備えて進化をしてきた。

なおＺＢＯだけはその他のゼロ（Ｚｅｒｏ）のシリーズとは異なり、単独での導入も実践の現場では多く見られる。

ZBxの出自と要諦

ティマーマンスらが本書の中で詳説しているように、ゼロベース予算（ZBB）という言葉自体は1970年代にジョージア州予算の改革という場面において生まれてきた。その後、1980年代の終盤から1990年代前半にかけて、投資ファンドの3Gキャピタルがこの手法を進化させ継承した。

2000年代に入り、この手法はITとデータの力を取り入れて一段と進化を遂げた。さらに2015年以降、アクセンチュアではデジタル・AI活用を取り入れ、また費目の適用範囲としても、間接的物件費だけでなく、人件費・サプライチェーンコスト・マーケティングコストといったより広範なコスト費目に適用できるよう改良を加えた。本書で解説するのはこの第四世代・最新型のゼロベース・アプローチである。

元来、ゼロベース予算（ZBB）とは、前年対比のコピーではなく、ゼロベースで必要性を問いながら必要予算を作り込む行いである。実際的にコストをコントロールする管理単位＝コストカテゴリーを定め、それぞれに予算を計上していく。

販売費及び一般管理費の範囲では19のコストカテゴリーとその下のレベルとして２４０のサブカテゴリーを定義しており、２４０のサブカテゴリーごとに用途×必要数量×単価ですべての予定コストを計上し、Anaplanなどの予算管理・ＢＩツールにテンプレート化して予実管理可能な状態を整えていく。

努力はするものの当然、費目によっては予算策定時点で一部「予定がまだ立てられない」金額が残る。それはそれとして費目内で予算金額をいったん割り振り、「予定未確定金額分」として認識をする。その上で予算レビューの中で「予定済み金額分」と「予定未確定金額分」のバランスをチェックしながらやっていけば、リーズナブルなレベルまで根拠を持って積み上げることができる。

また予算を実績と照らしてローリングする中で、「予定済み」だったのか「予定未確定」だったのかとその理由をチェック・統制することで、根拠なき予算消費は排除することができる。

ただし日本における実地の経験から、企業によってゼロベース予算を行う頻度は調整してもよいと考えている。というのは企業が備えるテクノロジーやデータ基盤の整備具合によっては、２４０のサブカテゴリーごとに用途×必要数量×単価ですべての予定コストを計上する工数負担は、毎年継続できないほど大きくなる場合もあるからだ。

「継続は力なり」である。大々的に取り組んだ結果、作業の膨大さに疲弊して次の年から形骸化するよりは、いくつかのカテゴリーを毎年順繰りにゼロベースでやり、順番が来るまでは前年対比を許すといった「健康診断巡回方式」も現実的かつ実践的なゼロベース予算の導入手法の判断としてはあってもよい。

ところでＥＲＰ基幹系システムを更新・新規導入するタイミングでは、ゼロベース予算の考え方・方法論を同時に取り入れることを推奨する。というのは、ＥＲＰ基幹系システムの導入に際して、そのリターン・もたらされる便益がいまひとつ曖昧なケースが多いからだ。実はゼロベース予算こそ、ＥＲＰによる見える化・データ粒度の整備が会社全体でできることによって、初めてスタートできる経営管理進化の姿そのものだ。

これまでは経営が把握できなかった各部門の消費実態を、ＥＲＰは正確なコード体系とデータフローをコントロールすることによってデータ化する。ところが、きれいに蓄積されたデータを使って何もしなければ、ＥＲＰは宝の持ち腐れになる。

本書で解説している通り、ＺＢｘはデータを駆使する経営管理手法だ。多額のコストをかけてプロジェクトを進めているものの、「ＥＲＰを導入・入れ替えするのか？」がいまひとつハッキリしないという企業においては、ぜひゼロベース予算のコンセプトを理解し、

ＥＲＰを入れた結果としてできるようになることのひとつとして位置づけることを推奨したい。

前述のようにＺＢｘは第四世代に至るまでの進化の過程で元来の予算管理の方法論を大きく超えて企業のコストマネジメント手法に昇華した。それはＡＩを使って膨大な支払いデータの明細レベルを扱う「検証的（Forensic）見える化」であり、「良いコスト」と「悪いコスト」の区分けであり、ベンチマークアプローチに対する「レベル０」の思考による「あるべきコスト」の追求である。また何よりも「カテゴリー・オーナーシップ」に代表される、運営上のガバナンスまでを仕組み化することである。

この新しいコストマネジメント手法は「成長のための原資を継続的に生み続けること」を目的としている。したがって、ワンタイムのコスト削減施策を立てるという狭い意味合いでＺＢｘを捉えるとその本質は理解されず、「余りにも関係者を増やしすぎる・そこまで大上段に構えなくても」という所感を得てしまうかもしれない。

しかし、業界によって多少の違いはあるにせよ、ディスラプターとの戦いを強いられる今日において、コストマネジメント手法の目的が「成長のための原資を継続的に生み続けること」にあるべきなのは、経営者の皆さんにご同意いただけるものと確信する。

日本企業でゼロベースアプローチの導入に踏み切るために

日本企業においてＺＢｘ（ゼロベースのアプローチ）の議論を進めると「誰が旗を振るべきか」で袋小路に入ることが多い。中期経営計画の数字を達成するためには経営企画部の旗振りがまずあるべき、と実務部門のトップは言う。経営企画は逆に実務部門のリーダーシップに期待する。このような状況で「お見合い」をしている限りにおいてＺＢｘはコンセプトが合意されても具体的な一歩が踏み出されることはない。

そこで読者の皆様によく理解していただきたいことは、ＺＢｘは特定の個人や経営者のリーダーシップに過度な期待をしていない、ということである。そのための仕掛けこそが、本書で複数回にわたって解説が試みられているカテゴリー・オーナーとエンティティ・オーナーのマトリックス管理制度だ。

ティマーマンスが述べているように、すべての取締役はいずれかのコストパッケージのオーナーあるいはスポンサーとなり互いに互いをチェックし合う。それは通常あるべき役員会の延長線上にある。役員会がより客観的な数字を持って、実際的な判断機能を取り戻すように強化するイメージだ。

このようにＺＢｘを経営陣に理解していただくことさえできれば、日本企業においてありがちな「旗振る人がいないからできない」を突破できる。

逆に言えば役員会（あるいはそれに類する然るべきレベルの会議体）以外の特定部署による取り組みとして討議を始めてしまった瞬間に、出口のない「誰が旗を振るべきか」から抜け出すことは容易ではなくなる。

日本企業においては、ＺＢｘを役員会の機能強化と位置づけて推進することを強く推奨する。

日本企業で成功するケースの類型

ＺＢＢをはじめとしたゼロ（Ｚｅｒｏ）のシリーズを成功裏に導入した日本企業の実例からその特徴・秘訣を紹介しておきたい。

ある小売企業では数年前にＺＢＳでトータル支出のＸＸ％を削減する施策を立案しその後も順調に実行軌道に乗っている。

この企業は最初の動機付けと体制作りが抜群に巧かった。過去の同様のプロジェクトの振り返りもした上で、そのトラウマの中心にある「縮小均衡に陥った」という轍は絶対に踏まないと、本質的かつシンプルなストーリーを練って社長が役員へ、次に幹部候補の部課長（その多くをカテゴリー・オーナーに任命した）へと順を追ってサークルを広げて直接落とし込んでいった。

コストは「削減すること」が絶対の善ではないこと、生み出す原資は何に使うのか、答えにくい問いもあったようだが、しっかりと「ＷＨＹ ＺＢｘ」についてひとつの合意を作りこんだ。その過程で削減した原資を投入する投資対象項目もブラッシュアップされ、それらが必要とする数字をＺＢＳのAmbitionとも整合させている。

日系グローバル企業ではカテゴリー・オーナーとそれを援護する役員の使い方が抜群に巧かった。

カテゴリー・オーナーとエンティティ・オーナーの二重説明責任制を敷くというＺＢＢの特徴は、本書で重点を置いて説明している通りである。しかしながらカテゴリー・オーナーが政治的圧力を感じて萎縮するとこの仕掛けは骨抜きになり機能しない。

この企業ではカテゴリー・オーナーの位置づけを非常に正しく関係者に理解させた。それは「施策に関する松・竹・梅のオプションを論理的・正確に提案する責任を負う」人であり、「松・竹・梅から選んで決定する責任を負う」人ではないということだ。この点は細かい違いだが関係者に周知させることは極めて重要である。

ＺＢＢプロジェクトをスポンサーする役員は意図的に、松・竹・梅が出揃っていない施策については、内容でなくそのこと自体を指摘して判断の場に上げる許可を出さなかった。

このことによって、カテゴリー・オーナーは何も特定のエンティティ・オーナーの利益と相反する判断をしたいわけではなく、オプションを上程する必要があるから仕方なくやっているのだ、というポジションに自らをずらすことができる。どのオプションを選ぶかの判断はあくまでも、当該エンティティ・オーナーの親玉もいる「エグゼクティブ・コミッティ」でなされるから、フェアな判断がされますよ、という具合だ。

「エグゼクティブ・コミッティ」が正しく判断する機能を有するか、という最後のパラメーターは残るものの、カテゴリー・オーナーが機能するとＺＢＢの導入成功確率は相当程度高くなる。

ある機械系製造業企業ではゼロベースマインド導入の前の「準備運動」をしっかりやったことが功を奏した。

ＺＢＳをＺＢＢよりも先行させるパターンが多いことは前述した通りだが、この企業ではそもそもなぜゼロベースマインドが必要なのかを経営トップ層の個々人がよく合意しなければ、ＺＢＳすら始めるのは危険だと判断した。そのためまず初年度は、現行の予算のうち販売費及び一般管理費のみをＺＢＳで定義されている客観的な２４０のコストカテゴリーで分解してみることだけをシンプルに行った。

その結果、部署・子会社をまたがって客観的な比較討議ができることの素晴らしさ・新鮮さを経営トップ層が体感した。なぜ同じような業務をやっている部署が、特定の費目で大きな予算の凸凹があるのか。なぜ「Unplanned」の予算をこれほどの金額規模で積んでおく必要があるのか。そのような議論を経ることで「前年対比」の根拠しかないコスト費目が多いことに経営層が本格的に関心・共通の問題意識を持つことに至った。

これによって合意に至った取り組み事項は、コスト管理コードの統一と、それに沿った予算費目の細分化である。このことによって、ZBSの導入本番では手戻りや反対勢力の説得に時間がかからず、着実な体質改善を進めることができた。ゼロベースマインドの導入に「準備運動」期間を設けることは決して悪い選択肢ではない。

日本企業で失敗するケースの類型

失敗の類型も包み隠さず提示しておこうと思う。「おわりに」でティマーマンスが述べているように、ZBxは万能薬でも特効薬でもない。導入の仕方が上手くなければ失敗する場合はやはりある。失敗する典型パターンのひとつはZBxのクローズド・ループを効果見合いでなくオーバーエンジニアしすぎたケースだ。

ＺＢｘは社員のマインドセットからガバナンスまでを一貫して強化する手法だ。したがって正しくクローズド・ループを回すためにはトップのコミットメントと全社の巻き込みが必要になることは本書が解説してきた通りである。

問題はトップのコミットメントを得るとなると、身の丈・本来の必要性を超えて話が壮大になる場合に起きる。ＺＢＢで言えば、本当にゼロベースで工数をかけて要素分解することで効果が生み出し得るコストカテゴリーに初手は絞る判断もあり得る。

またより複雑なコストカテゴリーをＺＢＢのクローズド・ループのスコープに加えていく段階では単純系カテゴリーは３年に一度ゼロベースで行う、その間の年はゼロベースで予算配分を行った前年をベースラインとした対比方式もよしとする、などの割り切りも場合によっては必要だ。

筆者は「健康診断巡回方式」と呼んでいるが、全社でかける工数が効果と見合わない取り組みに継続性はない。「毎年、すべての費目をゼロベースでクローズド・ループに乗せると経営に宣言したので、現実的判断は妥協と思われてしまう」として身の丈・本来の必要性に合わない壮大なクローズド・ループを作ろうとする企業は失敗する。

初手からオーバーエンジニアしすぎが別の形で現れるのは予算テンプレートの作り込み

方だ。ＺＢＢではコストをコストドライバー（多くの場合は単価（Price）×量（Quantity））に分解して予算化する。このとき分解しやすい費目とそうでない費目があり、また予算策定時点で予期可能な費目とそうでない費目がある。できる限り分解することが当然好ましいが、やたらとテンプレートを細かく作り込めばよいというものでもない。

ＺＢＢが定着しなかったケースの中にはテンプレートの作り込みが目的化した側面があり、この原因を探っていくとＺＢＢ導入の有効期限を強く意識しているＺＢＢ推進チーム（カテゴリー・オーナー）とビジネス側（エンティティ・オーナー）の間にコミュニケーションの断絶がある。

予算テンプレートの作り込みも、複数年で進化させていくことが望ましい。ＺＢＢ導入プランの線表をその前提で引いておき、カテゴリー・オーナーとエンティティ・オーナーが互いに話し合って3年ほどかけて予算テンプレートを徐々に細かくしていく工夫が必要だ。

オーバーエンジニアリングから離れ、二つ目の失敗ケースの類型はベンチマーク妄信主義である。ＺＢＳ、ＺＢＯを実施するにあたって同業他社とのベンチマークをして施策を作っていく。このとき現場が「他社並みになっている証明」をベンチマークに求めるような徴候があればこれは要注意だ。

現場には現場のプライドがあり、これまで競合他社を意識して十分に取り組みを進めてきた。むしろベンチマークを通じてすでに他社並みになっていることを証明してやろう……という意図がある場合には、ベンチマークデータをとること、それを精緻化することに労力と時間をかけることになる。そうした結果として得るものは「他社並みになっているから、いまさらやるべきことはない」という経営にとって何の意味もない結論である。

語弊を恐れず、あえて明確な言い方をすれば、ＺＢｘにおいてベンチマークは動機付けの道具である。ベンチマークで他社並みに揃えることがゼロベースマインドではない。そして動機付けにならない・する気がないのであればベンチマークに労力を割くべきではない。動機付けにつながるエリアを除いて、いますぐそうでないベンチマーク・スタディはストップすべきだ。

本書でティマーマンスが「レベル0の思考」と複数回にわたって呼びかけているように、他社はどのようにオペレーションしているのかを動機付けにし、なぜそうなっているのかを科学する。何より、そもそもゼロベースではどうあるべきか・でき得るかを議論することだけが重要なことだ。

ベンチマークに求めるのは「他社並みになっていることの証明」ではないということは、ＺＢｘがスタートする最初から関係者へのコミュニケーションに入れておかなければならない。

ＺＢＳ・ＺＢＯ導入企業によっては「ベンチマークに納得しない限り現場は動かない」と経営陣自らが言ってしまう場合がある。この瞬間から「ベンチマークデータがない」はＺＢｘの取り組みをストップする魔法の呪文になってしまうのでくれぐれも注意が必要な点である。

最後に三つ目の類型としては、コントロール・モニタリングの不在がある。ＺＢｘではビジビリティ（可視性）とバリュー・ターゲティングが活動の中心と捉えられる向きがあるが、実際にはコントロール・モニタリングのデザインの巧拙が大きくプログラムの成否を分ける。

一つひとつの施策にKey Action Indicator（ＫＡＩ：活動の証跡と確認方法）を設定すること。これが意外に難しい。しばしば導入の現場で見られるのは、ＫＰＩ（活動の最終結果）とＫＡＩが混同されていることによって、あるべきタイミングでアクションがとられていない、施策を誰も追いかけていない、せっかく設定したカテゴリー・オーナーとエンティティ・オーナーの間の「説明責任」を巡るガバナンスも実際には動いていないケースがあることだ。

ＫＡＩとは、たとえば、ＺＢＳでサプライヤーの集約化をする施策があれば、ＲＦＰ（提案依頼書）作成〜選定プロセス上のマイルストーンが設定されており、これの実施予定日に対する実施実績日があるはずだ。「サプライヤー集約化系施策」を集めてカウントし実施予定日に対する遵守率を月次でダッシュボードに上げていく。

別の例を挙げれば、一定金額以上の支出は然るべき上長の承認プロセスを経るように社内規定を改定したコストカテゴリーは、推定承認件数を予め設定しておき、承認メール配信の仕掛けで実績件数がカウントされるようにしておく。承認件数の予実差異は承認プロセスが無視されているのか、あるいは支出が承認プロセスを新たに設定したこと自体で抑制されているのかの二つの可能性を示す。

より実践的にはこの承認プロセスを通った件数が示唆する可能性を見ながら、一方では当該部署全体のＫＰＩであるコストカテゴリー単位の予算消化予実差異を見る。時として起こっている水面下での予算の別費目への付け替えを看破することができる。

このようなコントロール・モニタリングを、ＺＢｘ導入当初は、ティマーマンスが本書で述べている価値実現オフィス（ＶＲＯ：バリュー・リアライゼーション・オフィス）が行い、形式化できたモニタリングをダッシュボードにして経営管理を司る部署に移管していく。

ＺＢｘが継続しない企業は、こうしたコントロール・モニタリングを設計できていないケースに多い。

ZBxと戦略的ソーシングの違い

ZBxは役員会が本来持つべき機能を強化・取り戻すことである。これはZBxが2000年代前半に日本市場で一定のトレンドだった「戦略的ソーシング」とはまったく異なる次元のテーマであることを明確に示している。

「戦略的ソーシング」は社内の購買要求を標準化し、意図を持ったサプライヤー・マネジメントを行い、優位に単価交渉を行う一連のメソッドだった。これは今日現在でもまったく否定される行いではない。だが端的に言って「戦略的ソーシング」は経営陣が「浮いたリソース」を戦略的投資に回せる手触り感は提供しない。優位購買して浮いたカネはエンティティの管理下に隠されて経営陣には手が出せない。それは会社のカネであるにもかかわらずだ。

ZBxを用いることによる解決を意図する経営陣にとってのペインポイントはまさにここにある。

「戦略的ソーシング」の導入がトレンドになった時代は単価の最適化に焦点が当たっていた。「敵は外にあり」。いかにしてサプライヤーが享受している利益を見破り、そのうちアンフェアと推論される部分を取り戻すかに執着していた。対してＺＢｘのアプローチは「敵は我なり」だ。そもそも達成・提供したい価値は何だったのか。そのためにこの消費は必要なのか。昨年のビジネス環境と今年のビジネス環境はまったく違うと誰しも肌感覚として理解しているのになぜ予算は前年対比のみで議論し続けるのか。

実際にプロジェクトを行うと「単価の最適化」と「消費量の最適化」は効果全体を10としたときに３：７の割合になる。語弊を恐れず言えば、かつての「戦略的ソーシング」は７割の効果を取り逃していたとも言える。

日本企業に残されている「消費量の最適化」視点

戦略的ソーシングにおいても「消費量の最適化」はデマンドマネジメントというタスクとしてその必要性は語られていた。課題は、購買部門が積極的に消費要求元と討議をすべし、としてはいるが、それ以上のＨＯＷ論がいまひとつ明確に示されていなかったことだと思う。

ＺＢｘにおいては、いい意味で購買部門は主役ではない。主役はあくまでも消費要求元のキーマンと、彼らからアイデアを引き出すファシリテートをするカテゴリー・オーナー（またはカテゴリー・マネジャー）だ。要求元が自ら発案した消費量コントロール策でなければ、実現可能性は低い。このような取り組みをオフィシャルにやってきた日本企業は少ない。したがって日本企業にはまだまだ「消費量の最適化」余地は大きく残されている印象がある。いくつかわかりやすい例を挙げてみる。

社内規定として旅費について、「まったく同じ行き先に・一期間・何回行ってよいか」を規定化できているだろうか。あるいは、1回の出張は何人までを同行させてよいか、を規定化できているだろうか。

筆者の経験上「ビジネスクラスはどの役職以上」という規定だけが旅費カテゴリーに設定されている企業が大多数だ。そしてコスト削減の波がくるとビジネスクラス規定を引き上げ、社員はモチベーションが下がるという。

コスト金額へのインパクトからして、またモチベーションへの影響からして、出張頻度と同行人数のリーズナブルな規制の方が明らかに得策である。むしろ1回の出張を心身共に充実させ成果のあるものにできるなら、ビジネスクラスの使用の方は広げればいい。出張頻度の設定と共に行き先の会議で発言もしないような人を連れて行かないようにすれば、十分にお釣りがくる金額インパクトを出せる。

別の例でオフィス賃料についてはどうだろうか。フロント業務、ミドル・バック業務ごとに性質を分けて、一人当たり面積と交代制のリモートワークの比率（つまり一人に一席固定席をあてがうわけではない）は設定されているだろうか。賃料交渉も重要だが、オフィス設計をリーズナブルなＫＰＩを持って行っている企業とそうでない企業とでは、売上高に占める固定費の比率で然るべき差が出てくる。

工場用消耗品について、消費量抑制の規定は形式知化されているだろうか。意外に思われるかもしれないが、実際にワークショップをやってみると、工場ごとのバラつきの前に、工場内でも消費量抑制の視点の抜けは多く発見される。これが起こる構造上の理由は工場内でＭＲＯ品（消耗品など）発注担当者のＫＰＩが前年度比の購買金額上限遵守になっており、工場の生産技術のＫＰＩは故障・ライン停止発生率になっていることだ。

発注担当者は四半期・年度で辻褄が合えばいいので、実は各消耗品の要求頻度のモニタリングはしていない。よって、あるべき要求頻度の設定も実はない。こうした構造は本社の経営管理からは遠すぎて見えていない。

コストマネジメントにこそデータサイエンスの力を

本書ではＺＢＢ（予算）・ＺＢＳ（支出・間接財消費）・ＺＢＯ（組織・人件費）・ＺＢＣ（コマーシャル）・ＺＢＳＣ（サプライチェーン）と、ゼロ（Ｚｅｒｏ）のシリーズを順次解説している。

これらに共通しているのは、今日可能になったデータアナリティクスの力を最大限使ってファクトベースの議論を徹底することだ。

財務・経理・購買部門の経験者であれば「見える化」の難しさに異論はあるまい。すでに実用化されているＡＩはＧＬ（総勘定元帳）データと支払いデータを紐付けて「誰が何の目的で幾ら消費しているのか」を繰り返し、機械的に見える化を可能にする。

「おわりに」で、ティマーマンスが提示しているデジタル化された経営管理の姿はもう遠い未来の話ではない。一件一件の支払い明細データから繰り返し機械的にコストマッピングで見える化するＡＩ、承認プロセスの通過履歴などを追えるデータプラットフォーム、経営がＫＡＩとＫＰＩを視覚的に確認できるダッシュボードを備える企業は実際に現れ始めている。

そうした企業が手にする本当の意味での「アジリティ」は、「数字の認識が違う」ことを巡っての水掛け論にばかり時間がかかり肝心の施策討議に突入できないでいる企業とは大きく差をつけるものになる。

データサイエンスの力をコストマネジメントに本格的に実装する時期に来たことを、ＺＢｘは示している。コンピューティングパワーが今日のレベルに至るまではコンセプトでしかなかった方法論が、実装に至っていることを本書によって、ぜひ知っていただきたいと思う。

コストマネジメントにもイノベーションを

２０００年代後半、日本では、技術力では勝っているのに事業では負ける、その差はイノベーション力にあるという議論が盛んであったことを記憶している。「失われた20年」の反省のひとつだ。プロセスの磨き込みを隅々まで行える力（インプルーブ）を競争力にしてきた日本企業は、ビジネスモデルを変える力（イノベーション）に敗れた。二つの意味で、同じことがいまコストマネジメントの世界にも起こりつつあるのかもしれない。

ひとつは本書で全体にわたって解説しているコストマネジメント手法そのものの仕組み化だ。ＺＢｘのアプローチは、海外企業がかつてカイゼンをＫＡＩＺＥＮとして取り込みつつ「インプルーブメント」を仕組みとして体得したように、コストマネジメントの基礎能力を人材の質に依存しない形で高めるものになるだろう。

気づけば日本企業はコストマネジメントの手法で大きく取り残されていたというようなことにならないよう、警鐘を鳴らしておきたい。

もうひとつの意味は「レベル０の思考」「あるべきコスト」とティマーマンスが繰り返し

説いている点だ。他社がどうこうではなく、新しい技術やエコシステム・パートナーを導入したら、本当のところ、どういうコスト構造に作り変えられるかを探索する。

日本企業では他社が現在どこまでやっているかを徹底的に調べることには驚くほど勤勉に労力をかける傾向がある。目的の半分は経営に対して「（プロセスの磨き込みにおいて）自社はいま劣っていない」ことを証明するためだ。しかし、言うまでもなくディスラプションの世界を生き抜く経営者の視点は「いま」でもなく「他社と比べて」でもない。

他方、競合の海外企業がプロセスの磨き込みでなく、イノベーティブな技術を取り入れるやり方について解像度を上げて徹底的に議論し、その結果じわりじわりとコスト構造を変えてくるならば、これは大きな脅威となる。

振り返ると、日本にとっては「失われた20年」の間に米国が起こしてきた半導体、ＰＣ、製造業からサービス業、ハードとソフトが一体化した体験を売るビジネスモデル……それぞれの背後には、強い日本企業に対する負けの記憶があったと理解している。スティーブ・ジョブズがそうであったように、かつて日本企業が世界を席巻した１９７０～80年代に、日本の製造業に追いつき・追い越されたことで経験した「飢餓感」や「羨望感」がイノベーションを起こす源泉になった。

ＺＢxのアプローチが仕組みとして巧妙なのは、その「飢餓感」や「羨望感」を人為的にセットしていく点である。これまでの体感として、イノベーションの背後にはそれを欲する強烈な「飢餓感」があったことを欧米の経営者が理解しているとすれば、ＺＢｘのアプローチはまさにその意図に沿ってデザインされている。

ＺＢｘのアプローチを用いて、人為的に（本来感じるべき）飢餓感を明確にし、コストマネジメントに関するイノベーションを起こしにいく企業と対峙したときに、手なりでプロセスインプルーブメントを続けた企業が勝てる見込みは薄くなるのは自明と言わざるを得まい。

コストは削減するものではなく使い方を考えるもの

祖父は三度の食事はメザシと白ご飯に食後の蜜柑《みかん》がひとつでもあればもうほかに何もいらない、というような人だった。南方戦線を一緒に潜り抜けた黒く艶のある爪切りハサミを死ぬまで大事に使っていた。孫の私にも不必要な買い物はさせなかったが、読みたがる本や指先を使う玩具には出費を惜しまなかった。

そのＲＯＩ（投資収益率）がどれほどになっているかは別にして、這々《ほうほう》の体《てい》で戦争から戻り、強烈な飢餓感を持ちながらエンジニアとして身を立てた彼なりの戦略的消費だったのだろうと思う。

コストは削減すればいいというものではない。マネージするものであり、それはつまり将来に向けて前向きな投資にリソースをシフト・集中することだ。だからＺＢｘは削減の仕方ではなく、使い方を議論する必要を繰り返し説いている。そのためには将来に向けたどういったことに、どれぐらいの規模感の投資余力が追加で必要なのか。これを決める行いこそがＺＢｘで言う「Ambition」の設定だ。

「Ambition」を日本語訳では「経営が達成したい数字目標」と訳させていただいた。ＺＢｘにおいて「Ambition」と「Target」は明確に異なる二つの独立した概念だ。「Ambition」が生み出したい投資余力を示す数字であるのに対し、「Target」は考え出された施策群が企図するコスト削減効果を示す数字である。

「削減の仕方」ではなく「リソースの有効な使い方」を整えるのがＺＢｘの本質であるから、間接材、サプライチェーン、組織・人件費、コマーシャルと、その対象領域は自然と広がるのであり、それぞれに合った細かい手法が必要となっている。

ゼロベースというキャッチーな言葉をシリーズ化した浅薄な代物ではないことは、初めてＺＢｘを網羅的に解説することを試みた本書でティマーマンスらがもっとも伝えたいことのひとつである。

ＺＢｘはコストマネジメントの基礎能力を飛躍的に高める方法論としてＣＥＯ／ＣＦＯ／ＣＯＯが自ら理解し実践する価値がある。ティマーマンスらが本書で例に挙げている企業はごく一部であり、すでに相当数の企業が実践している。その理由は前述した通り、ＺＢｘが通常あるべき役員会の延長線上で実際的機能を持つように強化するからだろう。

ＺＢｘのアプローチが仕組み化されてグローバルスタンダードとなったとき、日本企業が新しい事業を育てる軍資金、原資を生み出す力において大きく劣ることを懸念する。日本企業が持つ新規事業の知恵はそれを実現する十分な量のリソースをもって実現化されなくてはならない。いま一度、日本企業が培ってきたＤＮＡに訴えかけてゼロベースのアプローチを呼び覚ますときが来ている。

アフター・コロナの世界を戦うためのゼロベースアプローチ

奇しくも本稿を執筆中にコロナ禍が発生し、日本でも緊急事態宣言が発令される事態に至った。現在は「Withコロナ」の世界に適応すべくリモートワーク体制を整備したり、当座のサプライチェーンを回復させたり、体験したことのない業務の連続で日々を過ごしている。どの段階でコロナ禍が一定の終息を見せるかは本稿執筆中の現段階では不透明だ。

一方で「アフター・コロナ」がどのような世界観になるのか観測も始まっている。もう少しコロナ禍が続けばもう「ビフォア・コロナ」の世界に戻ることはなくなると言われている。人々はリモートワークを前提にしつつ、都市と地方の人口比率も変化し、サプライチェーンはより地産地消を前提にしたものになる……といった具合だ。その世界観がどう変化するかは本書のテーマではないが、ゼロベースのアプローチがいまほど必要とされる時もない。

２０１９年までとは大きく前提が異なる世界においては、前年対比のバジェッティング（予算を組むこと）は使えない。しかしどのようにすればゼロベースでバジェッティングができるのか。本書がその要請に少しでも現実的・実践的答えを得られるものになっていればと願う。

また、より本質的な問題はコロナ禍のような前年の前提を大きく変えるような災害の頻度が増えていることだろう。温暖化を始めとする地球環境の変化はそのマグニチュードに諸説あれど、確実に私たちの経済活動に影響を及ぼす頻度を高めているように思う。アクセンチュアのFuturistic Researchチームが地球温暖化のもたらす影響の可能性として、パンデミック頻出社会という視点を奇しくもコロナ禍発生の直前に指摘していたことを知り、私は背筋が寒くなったところである。

ゼロベースのアプローチは21世紀中盤を生き抜く企業に必須のものになってくると考え

る。しかし考えようによっては日本人・日本企業こそゼロベースのアプローチを実践していたのではないか。

冒頭に筆者の祖父の記憶を述べたように高度経済成長期を可能にしたのは、諸先輩が実践した少ない資源を最大限「有効に」使おうという心と方法論だった。

これから世界的に未曾有の不況に突入する可能性が囁かれているが、日本企業こそ眠れるゼロベースのアプローチを取り戻し、その年その年の環境変化にいち早く適応し、コスト構造を筋肉質にして、たくましく生き抜くことができると信じている。

謝辞

アクセンチュアの専門家たちは、数十年にわたって、クライアントに対して献身的なサービスを提供してきた。本書はその成果を土台として書かれている。彼らに謝意を表すると共に、インタビューや資料提供という形で協力してくれた同僚たち、クリステン・アンドリュース、アンドリュー・コール、ロジャー・エリソン、ポール・ジェルシモウィッツ、アレクシス・ペレス、アモリー・レイシラー、クリスティン・レンカー、アーロン・シフリン、シン・シュダ、エリカ・シンプソン、ビル・テオフィロウ、ジョナサン・ウィックサル、ロバート・ウィレムスに感謝したい。日本語版上梓にあたっては太田陽介、村上忠弘、佐野光一郎、遠藤豪をはじめとする日本オフィスの専門チームに感謝する。

　またアクセンチュア・ストラテジー＆コンサルティングのマーケティングおよびコミュニケーション担当エグゼクティブディレクターである、ジャン・オストボルに感謝する。あなたは本書をより素晴らしいものにしてくれた。ジェン・グラット、執筆の初期段階において、私たちをしっかりと管理してくれてありがとう。キャサリン・ペッターソンには、私たちのつたない文章を、詩のように美しいものに変えてくれたことに謝意を表する。そしてミリアム・メルケンス、本書を完璧なものに仕上げてくれてありがとう。

最後に、ペンギン社の恐れを知らぬチームである、マルティナ・オサリバン、エマ・ブラウン、トレバー・ホーウッドに感謝する。

The Big Zero　ザ・ビッグ・ゼロ

成長、イノベーション、競争優位をもたらすゼロベースのアプローチ

2020年8月13日発行

著　者——クリス・ティマーマンス／クリス・ロアーク／ロドリゴ・アブダラ
監修者——太田陽介
訳　者——小林啓倫
発行者——駒橋憲一
発行所——東洋経済新報社
〒103-8345　東京都中央区日本橋本石町 1-2-1
電話＝東洋経済コールセンター　03(6386)1040
https://toyokeizai.net/

カバーデザイン…………橋爪朋世
本文デザイン・DTP……アイランドコレクション
印　刷………………東港出版印刷
製　本………………積信堂
編集担当……………藤安美奈子
Printed in Japan　ISBN 978-4-492-53426-7

著者紹介

クリス・ティマーマンス (Kris Timmermans)

アクセンチュア・ストラテジーのシニアマネジング・ディレクターで、サプライチェーン、オペレーション、サステナビリティ・プラクティス分野のトップを務める。アクセンチュアのグローバルなZBxイニシアチブを統括。20年以上にわたり、クライアントがコストとオペレーション改革を定義し、自社の競争優位を確立することを支援している。ブリュッセル在住。

クリス・ロアーク (Chris Roark)

マネジング・ディレクター。北米にてアクセンチュアの企業競争力およびゼロベース・プラットフォームを統括。消費財、産業財、小売分野を担当し、クライアントが成長戦略、運用モデル設計、構造的コスト変革の実行を通じて、企業価値を創造することを支援している。シカゴ在住。

ロドリゴ・アブダラ (Rodrigo Abdalla)

15年以上にわたり、世界中の幅広い業界において、ゼロベースのアプローチの普及を支援。ZBx以外にも、M&Aや企業再生等の分野での経験を持つ。またエンジェル投資家であり、さまざまな未公開企業やスタートアップ企業で取締役や相談役を務める。ロンドン在住。

監修者紹介

太田陽介 (おおた　ようすけ)

アクセンチュア ビジネス コンサルティング本部 サプライチェーン＆オペレーションプラクティス 日本統括 マネジング・ディレクター。小売・製造業・ハイテク・エネルギーなどさまざまな産業において、国内外で多数のプロジェクトを経験。サプライチェーン改革、コストマネジメント、設計開発のデジタル化、サイバーセキュリティなどのテーマに20年以上にわたって取り組み、企業のCOOの相談役として豊富な実績を有する。

訳者紹介

小林 啓倫（こばやし　あきひと）

1973年東京都生まれ。筑波大学大学院修士課程修了。システムエンジニアとしてキャリアを積んだ後、米バブソン大学にてMBA取得。外資系コンサルティングファーム、国内ベンチャー企業などで活動。著書に『FinTechが変える！――金融×テクノロジーが生み出す新たなビジネス』『IoTビジネスモデル革命』（いずれも朝日新聞出版）など、訳書に『HUMAN + MACHINE　人間＋マシン――AI時代の8つの融合スキル』『ピボット・ストラテジー――未来をつくる経営軸の定め方、動かし方』（いずれも東洋経済新報社）などがある。

アクセンチュアについて

アクセンチュアは、ストラテジー＆コンサルティング、インタラクティブ、テクノロジー、オペレーションズの領域で、すべてにデジタルの力を組み込んだ幅広いサービスを提供する世界最大級の総合コンサルティング企業です。世界最大の規模を誇る先端技術とインテリジェント・オペレーションセンターのネットワークに裏打ちされた40を超す業界に向けて、豊富な経験と専門スキルを生かしたサービスを提供しています。アクセンチュアでは、世界120カ国以上のお客様に対して、50万9,000人の社員による継続的なイノベーションによって、お客様のパフォーマンス向上と、永続的な価値創出を支援しています。

アクセンチュアの詳細はwww.accenture.comを、アクセンチュア株式会社の詳細はwww.accenture.com/jpをご覧ください。

アクセンチュア　ビジネス コンサルティング本部　戦略グループについて

深い業界専門性や高度なアナリティクスに基づく戦略思考とデザイン思考の融合を通して、迅速な変革とビジネス価値創造を実現する戦略パートナー。

デジタル化時代における創造的破壊への対応、競争力強化、成長戦略の立案や実行などの経営課題に注力し、企業価値向上、成長の実現に貢献しています。

用語集

● ジレンマ / A rock and a hard place

"between a rock and a hard place"（直訳すれば「岩と困難な場所の間」の意味で、ジレンマに陥ることを表す慣用句）という表現は、ホメロスの『オデュッセイア』に語源があると考えられている。この物語の中で主人公のオデュッセウスは、岩だらけの島の間を航海するのだが、そこでスキュラ（岩礁に住む6つの頭を持つ怪物＝岩）もしくはカリュブディス（渦潮を巻き起こして獲物を飲み込む怪物＝困難な場所）の潜む航路のどちらかを選択しなければならなかった。

● アルゴリズム / Algorithm

問題を解決するためのルールをまとめたリスト。特定のタスクはさまざまな方法で（つまり1つの、もしくは複数の異なるアルゴリズムを使用して）実行でき、各方法はそれぞれ異なる状況において異なる長所と短所を持つ。そのためどれを使用するか決める前に、長所と短所を把握することが重要になる。

● BI（ビジネスインテリジェンス）/ Business Intelligence

BIの進化は、自律性の向上と、高度なデータ可視化の方向に向かっている。企業は効果的な意思決定を推進したり、報告における要件を満たしたりするために、分析ソリューションに多くのことを求めている。それは「シングル・ソース・オブ・トゥルース」を確立することに限られない。彼らは構造化データと非構造化データの両方に対する、容易かつ迅速で直感的なアクセスを求めている。そしてそれはリアルタイムで、いつでもどこでも、指先ひとつで呼び出すことができなければならない。

● CAPEX / Capital expenditures

CAPEX（資本的支出）とは、1年以上使用される資本財またはサービスの購

入など、将来の利益を生み出すために使用されるリソース（たとえば固定資産）を指す。この資産の使用が開始されると、税務上控除可能なコストをその耐用年数にわたって分散するために、時間の経過と共に償却が行われる。企業は通常、CAPEX用の予算を業務予算とは別に設定する。

●アメとムチ / Carrot and stick

ある行動に対しては報酬を与え、他の行動に対しては罰を与えると脅すようなインセンティブシステム。この「アメとムチ」という表現は、1876年に発表された、ジョン・スチュアート・ミルの本に関する書評に端を発していると言われる。

●変化の概念 / Change concepts

改善をもたらす変化に関する、具体的なアイデアを生み出すための一般的な概念またはアプローチで、コストと品質のトレードオフを必要としないものも多く含まれる。変化の概念は通常、目の前にある問題や機会についての新しい考え方を引き起こす。

●クローズド・ループ管理 / Closed-loop management

アクセンチュアのクローズド・ループ管理は、部門、カテゴリー、地域全体をまたいですべての費用を詳細に可視化し、非生産的な支出を継続的に特定、排除、防止する。6つのステップ（ビジビリティ、バリュー・ターゲティング、カテゴリー・オーナーシップ、ゼロベース・バジェッティング、イニシアチブ実行、コントロール・モニタリング）から構成され、持続可能なコスト削減を促進する。

●COGS / Cost of goods sold

COGS（売上原価）とは、企業が販売する商品の生産にかかる直接費を指し、材料費や直接労務費が含まれる。

●競争力のあるアジリティ / Competitive agility

今日の環境で競争力を持つためには、企業は成長、収益性、持続可能性と

信頼を同時に推進するバランスの取れた戦略を実行する必要がある。アクセンチュア・ストラテジーの「コンペティティブ・アジリティ・インデックス（Competitive agility index）」は、これらの相互に依存する競争力の3つの側面について、7,000社以上の企業を評価している。

●提供コスト / Cost-to-serve

特定のビジネス活動および対応する間接費に応じて、一定の製品／サービスレベルで顧客にサービスを提供するための合計原価。

● CRM / Customer relationship management

顧客関係管理。

● CxO レベルの経営者 / C-suite

最高経営責任者（CEO）、最高財務責任者（CFO）、最高執行責任者（COO）、最高情報責任者（CIO）などの幹部社員。

● EBITDA / Earnings before interest, tax, depreciation and amortization

金利・税金・減価償却控除前利益。

● EPM / Enterprise performance management

企業パフォーマンス管理。

● ERP / Enterprise resource planning

企業リソース計画。

●死の受容プロセスの5つの段階 / Five stages of grief

死の受容プロセスの5つの段階（否認、怒り、取引、抑うつ、受容）は、人が誰かと死別した際に、それを受け入れて生きることを学ぶ枠組みの一部である。しかしすべての人が、すべての段階を順番に実行するわけではない。これは多くの人々が経験する喪失への反応だが、「典型的な喪失」などというも

のはないため、「喪失への典型的な反応」もない。私たちの悲しみは、私たちの人生と同じくらい個人的なものなのである。

●不可抗力 / Force majeure

「最上位の力」を意味するフランス語の訳で、戦争やストライキ、暴動、あるいは天災（ハリケーン、洪水、地震、火山噴火等）などの予期できない出来事や、個人の制御が及ばない出来事の発生を指す。

● FTE（フルタイム当量）/ Full-time equivalent

ある作業が1.0 FTEであると表現した場合、その作業にはフルタイムの社員が1人必要であることを示す。1.0未満だった場合、その仕事がパートタイムで行われることを意味する。

● G&A / General and administrative costs

一般管理費。

● GIS（地理情報システム）/ Geographic information system

空間的な資産の管理に使用されるテクノロジー。自動化やセンサー、あるいは情報技術（IT）と制御・運用技術（OT）の統合において、GISが基礎となる。それによりGIS、オペレーションおよびERPシステム間でデータの交換が可能になる。

●組み込み / Hardwire

ある行動パターンや思考プロセスを、自動的、標準的なものにすること。

● IIoT（インダストリアル・インターネット・オブ・シングス、インダストリアルIoT）/ Industrial internet of things

インテリジェントな製品、プロセス、サービスの集合体で、それらがインターネットを介してお互いに、さらに人間とも通信を行う。これまでIIoTは主に、業務の効率化を目的としたものだったが、これから成功する企業は

IIoTを活用し、3つのアプローチを通じて新たな成長を実現するだろう。そのアプローチとは、生産量の増加と新しいハイブリッド型ビジネスモデルの創造による売上の拡大、インテリジェント・テクノロジーの活用によるイノベーションの促進、社員の変革である。

● KPI / Key performance indicator
重要業績評価指標。

●機能していないコスト / Non-working money
売上や収益とは無関係に発生するコストで、消費者への直接的な利益も生まない。

● OECD（経済協力開発機構）/ Organization for Economic Co-operation and Development
37の国々から構成される国際機関で、北米や欧州、アジア太平洋地域の多くの先進国だけでなく、メキシコ、チリ、トルコなどの新興国を含む。

● OEE / Overall equipment effectiveness
総合設備効率。

● OPEX / Operating expenditures
OPEX（事業運営費）は日常業務を実行するために使用されるリソースで、CAPEXとは異なり、支出された年に全額税控除される。

● OTC / Order-to-cash
商品またはサービスに対する顧客からのリクエストの受領、およびその履行から、対応する支払いの受領までの一連のビジネスプロセス。

● OTIF / One-time installation fee
設備の導入時に1回だけ発生する取付費用。

● P&L / Profit and loss

損益、もしくは損益計算書。

●製品またはサービスの原価計算 / Product or service costing

各製品またはサービスのコストを計算するプロセス。通常は、直接費とビジネスの間接費への影響を加算する。

●四分位 / Quartile

統計学の用語で、あるデータの特定の範囲を、それぞれが同じ個数の観測結果を含むよう、4つの間隔に分割したものを表す。

● ROI（投資利益率）/ Return on investment

特定の投資の効率を分析したり、異なる投資オプションのグループの効率を比較したりするために使用されるパフォーマンス比。ROIは、特定の投資の利益（純利益）を、その投資のコストとの関連から直接測定する。

● RPA / Robotic process automation

人間が実行するタスクを模倣して、自動化するテクノロジー。RPAは、既存のユーザーと同じ形でフロントオフィス、バックオフィス、およびサポート機能のシステムに接続するように設定された「バーチャルな社員」を企業に提供する。この技術は、構造化データが関係する、手動・大量・反復的なルールベースのプロセス（トランザクション処理など）を持つ企業に対して、もっとも価値を提供することが多い。そのため、金融サービスにおけるRPA普及率は他の業種に比べて高い。

● S&OP（販売・業務計画）/ Sales and operations planning

サプライチェーンの需要と供給を一致させ、コスト（供給）とサービス（需要）のトレードオフのバランスを取る際に、より適切なビジネス上の意思決定を行えるようにするオペレーションモデル。

● S/4HANA
ソフトウェア企業のSAP SEによって開発されたERPソフトウェア・パッケージ。

● シートチャージ / Seat charge
社員による物理的な場所の使用に関係するコスト。通常、設備（不動産や水道光熱費）、ITコスト、およびそうした設備のメンテナンスに関係する間接費が含まれる。

● SG&A（販管費）/ Selling, general and administrative expenses
特定の期間に会社が被るすべての非生産費用。

● SKU（在庫管理単位）/ Stock-keeping unit
仕入れ先や原材料、サイズ、色、梱包など、他の品目と区別する特定の属性を持つ一意の品目タイプ（製品またはサービス）。

● TMS / Transportation management system
輸配送管理システム。

● VA / Virtual assistant
仮想アシスタント。

● VRO / Value-realization office
価値実現オフィス。

● 機能しているコスト / Working money
販売量や売上高に直接影響を与えるコスト。

● YTD / Year-to-date
年初来。

● ZBB / Zero-based budgeting
ゼロベース予算。

● ZBC / Zero-based commercial
ゼロベース・コマーシャル。

● ZBO / Zero-based organization
ゼロベース組織。

● ZBS / Zero-based spend
ゼロベース支出。

● ZBSC / Zero-based supply chain
ゼロベース・サプライチェーン。

● ZBx（ゼロベースのアプローチ）/ Zero-based mindset
ゼロベース予算よりも包括的な、新しいゼロベースの考え方。機能していないコストを特定して再投資し、それによって成長戦略に火をつけ、競争力のあるアジリティを促進するのに役立つ包括的なアプローチ。

参考資料

Accenture (2015a), *Structural Cost Transformation & Enabling the Growth Agenda Survey*. Accenture

———(2015b), *ZBB and Closed-Loop Cost Management: An Engine for Growth*. Accenture

———(2016a), *Accenture Acquires Realworld OO Systems B.V., a Leading Utilities Geographic Information System Business*. Accenture

———(2016b), *Accenture AS Operations Insights and Future of Procurement Study*

Accenture Strategy (2016a), *Fueling Growth Through Zero-Based Budgeting: How Winners Know Where to Place Big Bets*. Accenture Strategy

———(2016b), *Memo to the C-Suite: You are Not the Main Driver of Change*. Accenture Strategy

———(2017), *HR/Employee Experience Study*. Accenture Strategy

Andrews, K. (2018), *ZBx? Get Serious (About Culture Change)*. Accenture Strategy

Askew, K. (2016), Why Zero-Based Budgeting is Shaking Up the Food Sector. *Just-Food*, 6 October

Babcock, C. (2016), GE Doubles Down on 'Digital Twins' for Business Knowledge. *Information Week*, 24 October

Barea, D., Banerjee, S., Feliciano, P. and Mueller, J. (2017), *Smart Spending is Not Just About the Numbers*. Accenture Strategy

Bhatt, M. (2018), *From Back (Office) to the Future*. Accenture Strategy

ConAgra Foods, Inc. (2015), ConAgra Foods Announces $300 Million Efficiency Plan, Establishes Chicago Headquarters. www.conagrabrands.com/news-room/news-conagra-foods-announces-300-million-efficiency-plan-establishes-chicago-headquarters-2092152

Corr, A. (2018), *Is Your Supply Chain in a Death Spiral?* Accenture Strategy

Correa, C. (2014), *Dream Big: How the Brazilian Trio Behind 3G Capital – Jorge Paulo Lemann, Marcel Telles and Beto Sicupira – Acquired Anheuser-Busch, Burger King and Heinz*. Sextante

Daneshkhu, S., Whipp, L. and Fontanella-Khan, J. (2017), The Lean and Mean Approach of 3G Capital. *Financial Times*, 7 May

Daugherty, P., Banerjee, P., Negm, W. and Alter, A. E. (2015), *Driving Unconventional Growth Through the Industrial Internet of Things*. Accenture

Daugherty, P. and Wilson, H. J. (2018), *Human + Machine: Reimagining Work in the Age of AI*. Harvard Business Review Press

Drury, C. (2015), *Management and Cost Accounting* (9th edn). Cengage Learning

Forrester Research; Accenture Interactive (2016), *Expectations Vs. Experience: The Good, the Bad, the Opportunity*. Forrester Research

Freeman, J. (2009), Carrot Unstuck. *Boston Globe*, 8 March

Frye, A. and Campbell, D. (2011), Buffett Says Pricing Power More Important Than Good Management. *Bloomberg*, 18 February

Guthrie, J. (2018), How and When Zero-Based Budgeting Boosts Corporate Productivity. *Financial Times*, 21 February

Healy, G. (2016), *Bending the Cost Curve*. Accenture Strategy

Honts, R., Levesque, J. and Salvador, T. (2018), *The Front Office: Where Profits Go to Die*. Accenture Strategy

Hope, J. and Fraser, R. (2003), Who Needs Budgets? *Harvard Business Review*, February

IBM Corporation (2009), *Best-Practice Budgeting*. IBM Corporation

Kaplan, R. S. (2004), *Variance Analysis and Flexible Budgeting*. Harvard Business School Publishing

Kübler-Ross, E. and Kessler, D. (2005), *On Grief and Grieving: Finding the Meaning of Grief Through the Five Stages of Loss*. Simon & Schuster

Lake, M. (2018), How Zero-Based Principles Can Align Your Organization Around the Tech Capabilities That Matter. *CIO*, 21 August

Long, J., Roark, C. and Theofilou, B. (2018), *The Bottom Line on Trust: Achieve Competitive Agility*. Accenture Strategy

Marketing Interactive (2017), Unilever to Restructure and Slash Ad Spend. www.marketing-interactive.com/unilever-to-restructure-and-slash-ad-spend/

Mikells, K. (2017), Delivering Cultural Change to Fuel Our Growth. www.diageo.com/en/news-and-media/features/delivering-cultural-change-to-fuel-our-growth/

Nassauer, S. and Hufford, A. (2017), Wal-Mart Plans Further Cost Cuts as Competition with Amazon Intensifies. *Wall Street Journal*, 10 October

Needy, K. L. and Sarnowski, K. L. (2004), Keeping the Lid on Project Costs. In D. I. Cleland (ed.), *Field Guide to Project Management*, John Wiley and Sons, pp. 143–58

Nike (2012), NIKE Unveils Track & Field Footwear and Apparel Innovations. https://news.nike.com/news/track-field-nike-pro-turbospeed-uniforms-and-nike-zoom-spikes

OECD (2019), Gross Domestic Product (GDP): GDP, Volume – Annual Growth Rates in Percentage. https://stats.oecd.org/index.aspx?queryid=60703

Papa, T., Kaufman, A. and Maxwell, C. (2017), *When Bots Do the Buying: Procurement at 1/2 the Cost*. Accenture Strategy

Pearson, M. and Theofilou, B. (2017), *Formula Won: A New Way to Measure Corporate Competitiveness*. Accenture Strategy

Perez, A. (2018), *Quartile Zero: A New Way of Zero-Based Thinking*. Accenture Strategy

Pyhrr, P. (1970), Zero-Based Budgeting. *Harvard Business Review*, November–December

———(1973), *Zero-Base Budgeting: A Practical Management Tool for Evaluating Expenses*. John Wiley and Sons

Powell, C. (2018), *Unleashing the Future of Digital Finance*. Accenture Strategy

Pritchard, C. L. (2004), Why Project Management? In D. I. Cleland (ed.), *Field Guide to Project Management*, John Wiley and Sons, pp. 28–41

Prodhan, G. and Taylor, E. (2017), Adidas Partners with Siemens to Tailor Sporting Goods. *Reuters*, 24 April

Provost, L. P. and Langley, G. J. (1998), The Importance of Concepts in Creativity and Improvement. *Quality Progress*, March

Puricelli, S. J. (2016), What is S&OP? By Accenture Strategy Guest Blogger. https://blog.kinaxis.com/2016/06/sop-accenture-strategy-guest-blogger/

Salesforce (2018), Coca-Cola Germany. http://salesforce.vidyard.com/watch/BWJN4uT8voWR8LBf87uQ17?

Sight Machine (2016), *Jump Capital, GE Ventures and Two Roads Join $13.5 Million Series B Investment in Sight Machine*. San Francisco: Sight Machine

Steger, T., Barzey, C. and Viniak, V. (2018), *Time to Zero Base Your Telecom Business*. Accenture Strategy

The Coca-Cola Company (2014), The Coca-Cola Company Announces Actions to Drive Stronger Growth. www.coca-colacompany.com/press-center/press-releases/the-coca-cola-company-announces-actions-to-drive-stronger-growth

The Economist Intelligence Unit (2015), *Evidence-Based HR: The Bridge Between Your People and Delivering Business Strategy*. KPMG International Cooperative

Timmermans, K. (2015a), *Getting Ahead by Cutting Back: Using Zero-Based Budgeting to Fuel Growth*. Accenture

———(2015b), Zero-Based Budgeting: No Longer Just a Crisis Tool. *CFO*, 28 August

Timmermans, K. and Abdalla, R. (2018), *Beyond the ZBB Buzz*. Accenture

Timmermans, K. and Shuda, S. (2018), *Getting Ahead by Cutting Back*. Accenture Strategy

Trentmann, N. (2017), European Companies Use Old-School Budget Tactic to Cut Costs. *Wall Street Journal*, 7 April

———(2018), Global Companies Extend Use of Zero-Based Budgeting to Slash Costs. *Wall Street Journal*, 27 February

Unilever (2017), Accelerating Sustainable Shareholder Value Creation. www.unilever.com/news/press-releases/2017/Accelerating-sustainable-shareholder-value-creation.html

———(2018a), Good All-Round Performance with Accelerated Value Creation. www.unilever.com/news/press-releases/2018/good-all-round-performance-with-accelerated-value-creation.html

———(2018b), Unilever's Sustainable Living Plan Continues to Fuel Growth. www.unilever.com/news/press-releases/2018/unilevers-sustainable-living-plan-continues-to-fuel-growth.html

Valor Economico (2015), In AB Inbev, the Cost Reduction Never Ends. www.datamark.com.br/en/news/2015/5/in-ab-inbev-the-cost-reduction-never-ends-172675/

Wainewright, P. (2017), Salesforce Captures the Limits of AI in a Coca-Cola Cooler. *Diginomica*, 7 March